AF358301

INDISCRÉTIONS

CONTEMPORAINES

INDISCRÉTIONS

CONTEMPORAINES

SOUVENIRS INTIMES

PAR

JOSEPH D'ARÇAY

PARIS

ED. ROUVEYRE ET G. BLOND

LIBRAIRES-ÉDITEURS

98, rue de Richelieu, 98

—

1883

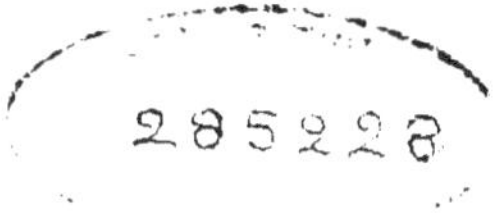

AVANT-PROPOS

L est peut-être un peu té-
méraire, aujourd'hui qu'on
ne lit plus guère que des
romans, qui arrivent rapidement à
une vingtaine d'éditions, de publier
un petit livre où il n'est à peu près
question que d'histoire contemporaine. Mais, comme il y a encore
quelques personnes qui pensent que
l'histoire est quelquefois aussi intéressante que le roman, à l'incitation
d'amis trop bienveillants, j'ai pensé
qu'il ne serait peut-être pas sans
quelque à-propos de réunir en un

volume un certain nombre d'articles parus dans divers journaux et dans lesquels se trouvent quelques détails inédits sur les hommes et les choses de notre temps. Déjà l'étude par laquelle commence ce volume a fait, il y a plusieurs années, l'objet d'une publication spéciale* après avoir reçu l'immense publicité du *Figaro*. Encouragé par l'accueil qu'elle a reçu de cette portion du public dont j'ambitionne surtout les suffrages, — *les curieux*, — je me suis décidé à en faire une nouvelle édition, *considérablement augmentée*, et pouvant offrir sur l'histoire contemporaine, prise dans son côté familier, quelques utiles renseignements.

Paris, novembre 1882.

---

* Un volume in-12, chez Alph. Lemerre.

LA SALLE A MANGER

DU

DOCTEUR VÉRON

Ces souvenirs ont été écrits surtout dans le but de dire la vérité sur un homme dont on s'est beaucoup occupé et que souvent on a mal jugé. Ce n'est pas sans intention que l'auteur les a circonscrits dans le titre qu'il leur a donné, non pas que le docteur Véron fût tout entier dans sa salle à manger, mais parce que c'est là, dans ces réunions intimes et pleines d'abandon qui furent l'un des charmes de son heureuse existence, qu'il pouvait être le mieux apprécié.

Cette étude, volontairement restreinte à ces proportions, a reçu l'immense publicité du *Figaro* qui contenterait de plus grandes ambitions que celle qui peut être permise à un simple *dilettante*, comme disait Stendhal. Mais l'appétit vient en mangeant. C'est ici surtout qu'on peut le dire, et le prince de nos critiques ayant pensé, avec trop d'indulgence peut-être, que ces pages fugitives n'étaient pas indignes d'une réimpression, l'auteur s'est rendu, sans trop se faire violence, à ce conseil qui sera vis-à-vis du public sa sauvegarde et son excuse.

J. A.

Mai 1868.

J'ai goûté l'esprit et admiré l'exactitude
des Souvenirs de la salle à manger du docteur Véron. *Je me suis demandé plus d'une*
fois qui pouvait savoir si bien ces choses
et les écrire si finement. Il n'y a guère que
deux ou trois personnes entre les noms des-
quelles j'aie pu hésiter. A propos du fameux
dîner qui devait avoir lieu à la Tuilerie, le
jour même où se donnait le second avertis-
sement au Constitutionnel, *je me rappelle,*
comme y ayant assisté, que Véron qui fai-
sait bonne mine, avait reçu dès le matin et
d'heure en heure des billets de gens qui se
dépriaient. Il y eut bien des places vides ;
le ballon de Godard, qui devait couronner

la fête, se gonflait devant un cercle de spec-
tateurs très amoindri.

Parmi les personnages officiels, deux
seuls eurent le courage de venir et d'être
simplement polis, comme il convenait à des
gens du monde bien élevés. C'étaient deux
militaires, le général comte de Goyon,
aide de camp de l'Empereur, et le général
baron Renault, celui qu'on appelait le lion
d'Afrique. Leurs noms mériteraient peut-
être de trouver place dans la réimpression
qui ne saurait manquer de se faire de ces
spirituels articles.

SAINTE-BEUVE.

DOCTEUR VÉRON

I

DE son vivant, et pendant les premiers temps qui ont suivi sa mort, le docteur Véron a largement défrayé la curiosité et quelquefois la malignité publique, et si le fameux *mur* de la vie privée a été une fiction, c'est bien pour ce joyeux compagnon qui, du reste, ne songeait guère à s'en plaindre et aimait beaucoup mieux que l'on dît un peu de mal de lui que si l'on n'en avait rien dit du tout.

Je ne voudrais pas aujourd'hui revenir sur des détails un peu épuisés; mais, en songeant à une fantaisie que le docteur Véron avait souvent manifestée et à laquelle il n'a jamais donné suite, la publication des mémoires de sa salle à manger, j'ai pensé qu'il pourrait ne pas être sans intérêt de rappeler quelques souvenirs de cette époque déjà loin de nous, de ce cénacle qui dura quatre ans, et à propos duquel on ne trouvera pas mauvais qu'un de ses anciens membres commette quelques indiscrétions aujourd'hui sans inconvénient.

Ce qui a été écrit de plus exact sur le docteur Véron depuis sa mort, est sans contredit la notice publiée dans le *Paris-Magazine* par M. Albéric Second ; ce n'est point une de ces *fantaisies* comme on en a lu beaucoup, écrites par des gens qui ont écouté aux portes, qui ont ramassé au hasard et sans contrôle des *anas* plus ou moins piquants ; c'est une étude prise sur le vif, faite par un homme qui a bien observé et bien compris son modèle et où beaucoup de bienveillance n'exclut pas la vérité ; M. Albéric Second nous a promis une étude sur la *Loge du docteur Véron*, et nous espérons bien qu'il n'oubliera pas cette promesse ; je lui aurais volontiers passé parole pour ce qui concerne la salle à manger ; mais elle était à peu près close lorsqu'il fit la connaissance du docteur ; il n'en a pas connu les splendeurs, et c'est uniquement pour cela que je me permets d'offrir mon humble concours à l'ancien rédacteur du *Figaro*.

On s'est beaucoup étonné de ne voir, dans la vente après décès du docteur Véron, que quatre-vingts bouteilles de vins fins, maigre pitance pour un homme qu'on appelait le moderne Trimalcion. Mais, comme je viens de le dire, depuis près de quinze ans, les agapes quotidiennes avaient cessé et la salle à manger ne s'ouvrait que fort rarement.

Depuis cette fortune si rapidement faite à l'Opéra et dans laquelle, s'il y eut du bonheur, il y eut aussi du bien jouer, le docteur Véron, dont une heureuse spéculation pharmaceutique, sur laquelle je reviendrai, augmentait beaucoup les revenus, aimait à recevoir, autour d'une table splendidement servie, d'aimables et gais convives, des artistes, des gens de lettres, des gens du monde, qui payaient leur écot en bonne humeur et n'épargnaient pas plus leur esprit que l'amphitryon n'épargnait sa cave. Charmant luxe, d'autant plus enviable que, même avec de la fortune, il n'est pas à la portée de tout le monde.

Ce fut à la suite d'un de ces dîners devenus célèbres, dans son appartement de la rue Taitbout, qu'eut lieu, il y a plus de vingt ans, le fameux coup de lansquenet de 96,000 fr. entre Adolphe Thibaudeau, l'une des existences les plus agitées, l'un des esprits les plus distingués de son temps, mort com-

plètement ruiné après avoir fait trois ou
quatre fortunes, et le comte W..., l'un des
hauts dignitaires du second Empire. Quatre-
vingt-seize mille francs sur une carte ! c'était
beaucoup dans ce temps-là... Mais ce chiffre
a été bien dépassé depuis.

Vers la fin de 1848, lorsque le calme commençait à renaître, le docteur Véron, con-
fortablement installé dans ce charmant appartement de la rue de Rivoli, où il a passé les
vingt dernières années de sa vie, remis des
trop rudes émotions que lui avait causées la
révolution de Février, débarrassé du joug un
peu lourd de M. Thiers dans la direction du
Constitutionnel qu'il venait de ressaisir, heureux surtout du succès que venaient d'obtenir
les premiers articles politiques qu'il eût
encore publiés, le docteur Véron songea à
arranger sa vie d'une façon plus commode
pour sa nouvelle situation.

L'échec qu'il avait subi quelques années
auparavant dans sa tentative de mandat électoral en Bretagne, les rebuffades qu'il dut
essuyer à propos de ses visées administratives ; toutes ces mésaventures, enfin, d'un
homme à la recherche d'une position politique, qu'il a si plaisamment racontées dans
ses *Mémoires*, avaient promptement dégoûté
l'épicurien de la vie publique ; mais la puissance que donne un journal comme le *Cons-*

titutionnel de ce temps-là, le succès de ses premiers articles, l'avaient promptement fait remordre à ce séduisant hameçon, la vie politique se présentait de nouveau à l'ancien directeur de l'Opéra avec ses plus puissantes attractions.

Le Café de Paris, où le docteur dînait d'habitude, la *salle à manger* n'étant que pour les grands jours, devenait un peu trop public pour sa nouvelle situation, et puis les événements qui se succédaient alors avec tant de rapidité et qui faisaient une si prodigieuse consommation d'hommes, avaient produit de grands vides dans les rangs des aimables convives du célèbre restaurant; Emmanuel Arago était devenu ambassadeur, Lautour-Mézeray préfet, etc. Le docteur songea donc à se créer le luxe d'un dîner quotidien chez lui, avec une douzaine de convives; pour cela il élargit *ses cadres*, se fit présenter par ses amis quelques nouvelles recrues; la bonne humeur toujours, l'esprit s'il se présentait, étaient les seules conditions demandées à cette réunion qui compta bientôt de vingt à vingt-cinq membres dont la moitié, en moyenne, venaient tous les jours et sans autre invitation, s'asseoir à la table de la rue de Rivoli.

II

Pour donner une idée de l'attrait que pouvait offrir ce cénacle dont plusieurs membres, comme notre cher amphitryon, manqueraient, hélas ! aujourd'hui à l'appel, il me suffira de dire qu'on y comptait : Sainte-Beuve, aussi spirituel causeur que charmant écrivain, dans tout le feu de ces *Causeries du lundi*, dont Véron était heureux d'avoir procuré la bonne fortune au *Constitutionnel*, — Nestor Roqueplan, esprit intarissable, fourchette intrépide ; — Arsène Houssaye, nature un peu froide, mais distinguée, nous tenant au courant de tout ce qui se faisait et se disait au Théâtre-Français dont il était alors l'intelligent directeur ; — Malitourne, un peu mouche du coche, laissant trop croire qu'il était l'Égérie de la maison ; mais au demeurant esprit charmant, causeur de l'école de Sainte-Beuve et de Roqueplan, et dont le corps a trop longtemps survécu à l'esprit ; — Romieu, esprit hardi, mais paradoxal, administrateur intelligent, mais facilement compromettant, farceur légendaire, personnalité en somme un peu surfaite ; — Boilay, le plus ancien athlète dans les luttes du *Constitutionnel* où il était tous les jours sur la brèche, esprit fin, souple, facile, très apprécié de M. Thiers lorsqu'il suivait ses inspirations, mais en butte aux dédains et aux sarcasmes de cet abbé de Gondi lorsqu'il ne voulut plus accepter le joug de son humeur brouillonne et rancunière. — Enfin je dirais presque les trois perles de cette couronne, si l'on pouvait assigner des rangs parmi les noms que je viens de citer, en rappelant que les trois illustres compositeurs, Auber, Halévy, Adolphe Adam, comptaient parmi les habitués de cet aréopage.

Natures privilégiées que ces heureux musiciens, se révélant non seulement par une foule d'œuvres charmantes qui, après avoir fait la joie de plusieurs générations, seront une des gloires de la France du dix-neuvième siècle ; mais possédant encore toutes ces grâces de l'esprit qui étaient un des plus grands charmes de nos réunions.

Comme le docteur Véron tenait beaucoup à ne pas laisser oublier qu'il était médecin [1], et qu'il se plaisait dans la société de ses confrères, pourvu qu'ils remplissent les condi-

---

[1] Il avait été nommé interne, le premier de sa promotion, au concours de 1820.

tions du programme, on voyait souvent à cette table de la rue de Rivoli les docteurs Velpeau, Ricord, Dubois (d'Amiens), Blache, Bonnet de Malherbe, Béhier, Tardieu, Trousseau, etc., qui y apportaient leur contingent de bonne humeur.

A ces noms des convives habituels du docteur Véron, je dois en ajouter quelques autres qui représentaient plus particulièrement ce que j'appellerai son état-major : et d'abord son fidèle Millot, dont l'amitié remontait avant le collège, qui ne l'a pas quitté jusqu'à son dernier jour, dictionnaire qu'il feuilletait souvent, surtout quand il voulait citer Molière que Millot savait par cœur ; deux charmants jeunes gens que nous appellions les *aides de camp*, Léon Lambert et Edmond Didier ; le crédit de Véron qui, il faut lui rendre cette justice, demandait beaucoup plus pour ses amis que pour lui-même, les avait pourvus des sous-préfectures de Sceaux et Saint-Denis ; ils étaient alors beaux et brillants, et quelques années plus tard l'un était mort, l'autre traîne péniblement une existence profondément atteinte ; — Charles Daugny, la bonne humeur en personne, plus tard recruté par M. de Morny qui sut utiliser son intelligence pratique et qui a contribué à en faire un homme d'affaires sérieux.

Enfin une des physionomies les plus curieuses de ce temps-ci, un homme plein d'é-
légance et d'esprit, portant facilement un des
grands noms parlementaires de notre pays,
le comte Gilbert de Voisins, le mari trop célèbre de la célèbre Taglioni, qu'il était assez
plaisant de voir accepter en riant et remplir,
comme il l'aurait fait à la cour de Louis XV,
la charge d'intendant des menus chez l'ancien directeur de l'Opéra. Singulier homme
que le comte de Voisins, mélange bizarre de
qualités charmantes et de défauts pour lesquels on est souvent trop indulgent; aimable, obligeant, mais dangereux quand
il n'avait pas d'argent. En un mot un
disciple du chevalier de Grammont égaré
dans la société bourgeoise du dix-neuvième
siècle.

C'était lui qui aidait le docteur à faire les
honneurs de la table, tâche dont il s'acquittait à merveille et pour laquelle il recevait, de la meilleure grâce du monde, les fé-
licitations des convives.

Pour qu'une réunion presque toujours
composée d'hommes ne devînt pas trop mo-
notone, l'amphitryon y invitait souvent quelqu'une des reines de théâtre de ce temps-là,
mais une seule à la fois. C'était, avant toutes
et le plus fréquemment, cette incomparable
artiste qui avait si brillamment restauré le

culte un peu délaissé des grands maîtres de
notre scène tragique, cette femme pourvue
de toutes les séductions, qui jetait un charme
indicible sur nos réunions et que nous
n'appelions que *la Grande,* j'ai nommé Rachel ; puis l'élève de prédilection de mademoiselle Mars, mademoiselle Doze, devenue
madame Roger de Beauvoir, femme charmante aussi, et, comme la grande tragédienne, succombant de bonne heure aux
épreuves d'une vie pleine d'orages ; enfin
mademoiselle Favart, madame Doche, mademoiselle Lemercier, de l'Opéra-Comique,
et quelques autres qui briguaient et obte-
naient quelquefois la faveur très recherchée
de s'asseoir à la table du docteur Véron.

III

Je ne veux point entrer dans des détails
qui ne pourraient guère plaire qu'aux lecteurs assidus des menus du baron Brisse. Il
me suffira de dire que la table du docteur
Véron était ce qu'elle devait être chez un épi-
curien-hygiéniste : saine, abondante et élé-
gamment servie, digne en un mot de l'amphi-

tryon, de ses convives et de l'éminente artiste
qui en avait la direction, l'illustre Sophie,
dont je parlerai bientôt avec quelques détails.

Il faut cependant que je signale une bizar-
rerie, un détail futile en apparence et qui est
toute une révélation sur le caractère du docteur Véron, aimable et bon enfant dans ses
relations, mais à la condition que ce fût toujours sans gêne. Il va sans dire que la table
était abondamment pourvue de vins; le
champagne frappé et un bon bordeaux en
faisaient la base; mais l'amphitryon faisait
régulièrement placer devant lui une bouteille
de vieux château-laffitte, dont il n'offrait à ses
convives que les jours d'*extra*. Il y en avait
cependant quelques-uns, et j'étais du nombre,
qui, dans l'intérêt des principes, confiaient
leur verre à un page pour le faire remplir de
cette liqueur privilégiée.

Pour que cette dérogation au droit commun fût plus accentuée, le docteur Véron
l'étendait de la singulière façon que voici :
M. Granier de Cassagnac, cette brillante
plume de guerre, comme l'a si justement dit
le directeur du *Constitutionnel*, venait d'entamer dans ce journal l'ardente campagne
qui ne s'est arrêtée qu'au 2 décembre 1851 ;
il ne faisait pas partie des membres du cénacle ; mais le docteur l'invitait fréquemment

et choisissait de préférence le jour où un
article du puissant polémiste avait plus particulièrement fait sensation; ce jour-là, il
trouvait toujours à sa place une bouteille du
château-laffitte privilégié.

Le sans-gêne existait encore sous une autre
forme à la table du docteur Véron; mais
celle-là était commune à lui et à ses convives : chacun se levait de table quand il
voulait. L'amphitryon, qui passait presque
toutes ses soirées au spectacle, partait presque
toujours le premier; ceux qui voulaient prolonger la conversation restaient à table ou
passaient au salon; quelques-uns ne se levaient
ordinairement que les derniers, et l'on disait
plaisamment que c'était pour ne pas être
ouverts après leur départ.

Cette liberté de mouvements laissée à chacun était un des grands charmes de la table
du docteur Véron et presque une nécessité
dans un dîner quotidien; cependant elle pouvait sembler bizarre à ceux qui n'en avaient
pas l'habitude. C'est ce qui arriva à M. Mocquard.

Un jour de la semaine était réservé pour
les dîners *priés*, c'était habituellement le vendredi; ce jour-là il était entendu que les convives habituels ne pouvaient venir que s'ils
y étaient personnellement invités. Quelquefois c'était un dîner officiel, exclusive-

ment composé de gros bonnets politiques.
D'autres fois c'étaient quelques personnes en
dehors du cadre habituel, auxquelles Véron
désirait faire une politesse. Un jour il me
dit :

— J'ai Mocquard à diner vendredi, vous
le connaissez, ne manquez pas de venir.

Je fus exact au rendez-vous; j'avais connu
M. Mocquard aux Pyrénées, mais je ne l'avais
pas vu depuis qu'il était secrétaire du président de la République; Véron me fit la gra-
cieuseté de le placer entre lui et moi.

M. Mocquard était un homme d'infini-
ment d'esprit, très lettré, causeur charmant
et solide, un Bordelais plein de feu, perfec-
tionné par un long séjour à Paris. Sans être
au premier rang, il avait tenu une place distinguée au barreau de Paris, sous la Restauration, et avait été l'un des défenseurs des
quatre sergents de la Rochelle; il était fort
recherché dans les salons libéraux de ce
temps-là, et aucun succès ne lui manqua.
Après la révolution de Juillet, il fut nommé
sous-préfet de Bagnères; les débats de la coalition, les difficultés et les inimitiés qu'ils
créèrent forcèrent M. Mocquard de quitter ce
poste où il s'était fait un grand nombre
d'amis; il ne voulut pas en accepter d'autre
et se voua dès lors aux intérêts du fils de la
reine Hortense avec lequel il était depuis

longtemps en relations, et qui, placé à la tête du gouvernement de son pays, lui confia ce poste tout intime pour lequel il était si bien fait, et qu'il occupa pendant près de quinze ans.

Avec un pareil convive, la conversation ne languit pas ; le dîner était depuis longtemps arrivé à sa fin, nous causions avec animation de je ne sais quel sujet, lorsque tout d'un coup Mocquard s'aperçoit que quelques places sont vides, et qu'il n'y a plus personne à sa gauche... l'amphitryon était parti !— Ah ! mon Dieu ! s'écrie Mocquard avec une espèce de remords, Véron est au salon, rejoignons-le. — Ne faites pas attention, lui dis-je, il est déjà rendu à l'Opéra ; ne vous en inquiétez pas, faites comme chez vous, c'est la règle de la maison.

En effet, c'était comme cela. Véron ne dérogeait pas à ses habitudes, même le jour où il recevait pour la première fois le chef de cabinet du président de la République.

Il ne s'imposait ce lourd sacrifice que les jours de grand dîner officiel. Ces jours-là il recevait les personnages les plus importants de l'État ; c'était une petite satisfaction d'amour-propre qu'il aimait à se donner, et, comme ces dîners étaient fort bien portés, il ne rencontrait que le plus gracieux empressement à les accepter. Il était tellement sûr

de son succès à cet endroit qu'un jour il se
passa la fantaisie de faire dîner chez lui Rachel
avec le comte Molé et le général Changarnier ;
la grande tragédienne fit des frais et le dîner
fut charmant.

C'était surtout par les hommes nouveaux
qui, dans ce temps-là, arrivaient rapidement
aux premiers postes, que cette espèce de
sanction de la salle à manger de Véron était
particulièrement recherchée.

L'un d'eux y fut un jour victime d'un
petit accident assez désagréable. C'était un
jeune ministre récemment arrivé de cet heureux pays d'Auvergne d'où le Parisien futile
croyait que l'on ne tirait que les porteurs
d'eau, et qui, depuis 1848, fournit des
hommes politiques de la meilleure qualité ;
ce ministre, qui n'était pas M. Rouher, reçut
dans le dos, par la maladresse d'un maître
d'hôtel, la presque totalité d'une sauce aux
crevettes destinée à un magnifique turbot.—
Ah ! mon Dieu ! c'est mon habit neuf ! — Le
cri était parti du cœur et n'avait pu être
retenu. Un sténographe du *Moniteur* aurait
mis entre parenthèses : Sourires sur quelques bancs.

Tout le monde ne peut pas avoir le sang-
froid de M. de Talleyrand qui, subissant une
pareille mésaventure dans un grand dîner, à
Londres, ne souffla pas mot.

Une règle invariable de la table de la rue Rivoli, c'est qu'on ne pouvait jamais y être *treize*. L'amphitryon était, sur ce point, intraitable, et si quelqu'un venait pour dîner lorsqu'il y avait déjà douze personnes à table, il lui fallait s'en aller ou chercher un quatorzième.

Il est impossible de parler des dîners du docteur Véron sans consacrer quelques lignes à Sophie, sa célèbre cuisinière ; j'en ai déjà pris l'engagement, et je le tiens avec plaisir.

IV

Sophie [1] est née en Normandie, probablement dans les premières années de ce siècle. Comme personne ne prévoyait ses hautes destinées, les dictionnaires biographiques sont muets à cet endroit. Il est à supposer qu'elle a été jeune ; cependant cela n'a pas dû durer longtemps, et la tournure de son

[1] Sophie est morte au mois de novembre 1881, et, à cette occasion, le *Figaro* a reproduit ce portrait.

esprit, comme le caractère de ses traits anguleux, a dû lui donner une maturité pré-
coce. Ce costume simple et sévère, ce bonnet
à longs tuyaux dont la forme ne se trouve
plus guère que dans quelques communautés
religieuses, cette attitude un peu roide que je
lui ai toujours connue, donnent lieu de supposer qu'elle n'a jamais guère sacrifié aux
Grâces, et que ce sont des succès plus sérieux
qu'elle a ambitionnés.

Restée pendant plusieurs années auprès
d'un conseiller à la cour de Caen, Sophie
vint à Paris quelque temps après 1830, je ne
sais par suite de quelles circonstances, peut-
être poussée par sa vocation politique, et fut
d'abord placée auprès de la célèbre et charmante danseuse Fanny Elssler. Celle-ci, qui
avait une grande amitié pour son directeur,
le docteur Véron, lui dit : — Je veux vous faire
un véritable cadeau ; vous êtes gourmand,
vous avez besoin auprès de vous d'une personne sûre et dévouée, laissez-moi vous donner ma cuisinière.

Ce fut ainsi que Sophie entra au service
du docteur Véron et, pendant près de trente-
cinq ans, elle a justifié, et bien au delà,
l'heureux pronostic de la célèbre danseuse.
Sophie est une cuisinière de la bonne école,
dédaignant le charlatanisme de tous ces procédés artificiels en usage chez ce qu'on appelle

ambitieusement les *chefs*, déguisant le moins possible, soignant, mijotant, arrivant enfin par des procédés à la fois simples et savants à ces résultats culinaires dont les femmes seules sont capables.

Mais ce n'est pas à ses qualités de cordon bleu, quelque éminentes qu'elles soient, que Sophie doit la meilleure part de sa célébrité; c'est bien plus encore à l'originalité de son caractère, à sa sagacité, à son sans-gêne avec les personnages les plus importants, à son dévouement frisant le despotisme envers *monsieur*.

Pour certains détails du service, Sophie était intraitable; même à l'époque où elle avait tous les jours un dîner de douze à quinze couverts à faire, elle n'a jamais permis à un valet de chambre d'entrer dans la chambre à coucher de monsieur; c'était elle et elle seule qui veillait à tous les détails de la toilette. Et cela ne l'empêchait pas de songer au département des affaires extérieures et de donner ses audiences politiques.

C'est qu'en effet, après la révolution de Février, le *Constitutionnel* ayant pris une très grande importance politique par suite de la résolution avec laquelle il soutint l'élection du prince Louis-Napoléon et défendit ce que l'on appelait alors la politique réactionnaire, la demeure du docteur Véron était assaillie par un grand nombre de personnages impatients, jaloux de s'assurer le concours du journaliste influent, soit pour la cause commune qu'ils servaient, soit pour leurs intérêts personnels.

Aussi jalouse du gouvernement de l'anti-chambre que de celui de la chambre à coucher, et ne laissant aux autres domestiques que les soins vulgaires et matériels du ménage, Sophie ouvrait elle-même, recevait les visiteurs, les faisait attendre si monsieur était occupé, ou savait les retenir quelques instants s'il était absent; elle laissait même facilement deviner, suivant la situation du personnage qu'elle flairait avec beaucoup de discernement, que son crédit n'était pas indifférent pour obtenir les audiences désirées.

On comprend qu'au milieu de cette affluence qui, pendant quelques années, monta l'escalier du docteur Véron, la madrée Normande, avec sa familiarité un peu rude, que l'on acceptait facilement, son goût pour la politique et une pénétration bien au-dessus de son état, fit ample provision d'observations et de nombreuses connaissances, même parmi les personnages les plus considérables. Mais, il faut le dire, *monsieur* avait absorbé presque toutes les facultés affectives de Sophie, et ce n'était pas par excès de bienveillance qu'elle péchait.

Le personnage pour lequel elle avait le plus de sympathie était M. Achille Fould; les étroites et fréquentes relations de M. Fould avec le docteur Véron, leur long voisinage pendant que le premier était ministre des finances, des échanges de petits services domestiques, avaient mis souvent en présence Sophie et le ministre. Celui-ci avait pris goût aux aperçus politiques de la cuisinière, il écoutait avec intérêt et complaisance ses observations, je dirais presque ses conseils, ses petites indiscrétions, et mieux encore peut-être, les habiles flatteries qu'elle savait glisser dans ses entretiens familiers. Ce qu'il y a de certain, c'est que, pendant quinze ans, au pouvoir comme hors du pouvoir, M. Fould recevait de fréquentes visites de Sophie et que cet homme qui portait un peu haut, qui fit un jour faire antichambre à l'un des premiers dignitaires de l'Empire jusqu'à ce qu'il eût achevé un cigare qu'il venait de commencer, n'eut jamais sa porte fermée pour l'humble cuisinière.

Un autre protégé de Sophie fut, pendant quelque temps, M. Sainte-Beuve, dont l'esprit fin et observateur avait du goût pour cette servante de Molière, et qui l'invita même un jour, non pas pour faire, mais pour manger un dîner en très petit comité. Mais quelques nuages vinrent refroidir l'amitié de Sophie pour l'illustre critique : sous des prétextes qu'elle ne trouvait pas suffisamment plausibles, il avait refusé de faire, dans le *Moniteur*, un article sur les *Mémoires d'un bourgeois de Paris*, et puis il avait été nommé sénateur, lorsque *monsieur* ne l'était pas; deux griefs que Sophie, sans qu'il y ait eu rupture, n'a jamais oubliés.

Très friande de rapports avec les personnages importants, fort gâtée à cet endroit, Sophie a éprouvé pendant les derniers temps de la vie de son maître, une déception assez comique.

A propos de sa loge à l'Opéra qui tenait une grande place dans son existence, le docteur Véron eut, l'année dernière, d'assez vives appréhensions. Il craignait que le maréchal Vaillant, avec lequel, par exception, il n'avait jamais eu de relations, ne prît cette loge pour la liste civile; il mit quelques amis en campagne pour parer ce coup auquel il aurait été fort sensible et fit une visite au maréchal qu'il ne trouva pas chez lui. Le lendemain Sophie ouvrait la porte du docteur à un vieillard très simplement vêtu, n'ayant *rien à sa boutonnière* (comme Béranger), bien qu'il eût l'apparence d'un ancien militaire, et demandant le docteur; sur la réponse que le docteur était sorti, le visiteur remet sa carte à Sophie et s'en va; Sophie reçoit

avec assez d'indifférence cette carte fort vulgaire, une carte lithographiée à vingt-cinq
sous le cent, et tirant lentement ses lunettes,
elle lit : *Le maréchal Vaillant.* S'il en eût
été temps encore, Sophie aurait couru après
le maréchal qui manquait à sa collection;
mais, hélas ! il était trop tard et elle ne se l'est
pas pardonné, car un dédommagement ne lui
a pas été offert.

Dans cette esquisse bien incomplète d'un
personnage qui a souvent occupé la curiosité
publique, j'ai tenu, avec la plus scrupuleuse
sincérité, à indiquer les traits dominants
d'une femme qui, dans l'humble rang où la
fortune l'a placée, a su se faire une place à
part. Sans rien exagérer, Sophie est un *caractère*; elle est surtout un échantillon bien complet de ces vieux serviteurs, dont l'espèce se
perd et qui finissent par s'identifier avec la
famille qu'ils servent. Peut-être même pourrait-on reprocher à Sophie d'avoir poussé ce
sentiment un peu loin, depuis la mort du
docteur, en usurpant certains soins qui ne
regardaient que son neveu et légataire universel, en inspirant même contre certaines
négligences imaginaires des insinuations déso-
bligeantes. C'est ainsi que, dans une circonstance récente, pour l'exhumation des restes
mortels du docteur Véron, et leur translation
au cimetière du Père-Lachaise, cérémonie

tout intime, et qui ne regarde que la famille,
Sophie en collaboration d'Auguste [1], auquel
je demande pardon de l'avoir laissé dans
l'ombre, a cru devoir adresser une lettre
d'invitation à quelques anciens amis de son
maître, qui se sont abstenus d'en profiter.
Mais, que voulez-vous ? pas plus que l'homme,
la femme n'est parfaite !

V

Les quatre années pendant lesquelles la
salle à manger du docteur Véron fut régulièrement ouverte à ses amis, de 1849 à 1852,
représentent certainement une des époques
de notre histoire les plus fécondes en émotions politiques ; nous suivions tous avec un
vif intérêt les péripéties qui se succédaient
alors avec tant de rapidité ; mais, comme
tout le monde, dans ces joyeuses réunions,
était à peu près de la même opinion, les discussions politiques, ces trouble-fêtes qui étei-
gnent l'appétit, en étaient généralement ban-
nies.

----

[1] Le valet de chambre.

On s'occupait surtout de la ligne suivie par le *Constitutionnel*, de la place importante qu'il occupait alors dans la presse — *quantùm mutatus* — et de l'appui courageux qu'il prêtait au chef du gouvernement dans la lutte qu'il avait à soutenir contre les partis coalisés.

Il est bon, à ce propos, de dire comment la pensée vint au docteur Véron, qui jusquelà avait été un homme habile, heureux, dirigeant avec beaucoup de sagacité et d'intelligence le *Constitutionnel* qu'il avait sauvé d'une ruine imminente et dont il avait refait la fortune, comment la pensée lui vint de prendre une part active à sa rédaction.

Il dînait au Café de Paris avec quelques habitués, parmi lesquels se trouvait ce jourlà Armand Bertin, le successeur de son père dans la direction du *Journal des Débats*, lorsqu'on vint annoncer que l'Assemblée législative avait adopté la proposition de MM. de Tinguy et Laboulie exigeant que tout article publié dans les journaux fût signé par son auteur. Armand Bertin ne dissimula pas la très vive contrariété que lui causait cette mesure; avec sa sagacité habituelle, il vit immédiatement le coup qu'elle allait porter à sa situation. Véron prit au contraire la chose fort gaîment, et dit :

— Eh bien ! tant mieux; puisque désormais il faudra signer ses articles, je vais me mettre à en faire.

En effet, le directeur du *Constitutionnel,* piqué au jeu, fit bientôt paraître une série d'articles qui obtinrent un véritable succès.

On était si peu disposé, dans le public, à lui croire le talent dont ces articles étaient la révélation très inattendue, que beaucoup de gens voulaient qu'ils ne fussent pas de lui et en attribuaient surtout la paternité à Malitourne, qui ne combattait cette erreur qu'un peu mollement. Mais la vérité était que ces articles qui, pendant deux ans, furent si justement remarqués, étaient bien du docteur Véron, et que, si parfois quelques intimes lui donnaient des conseils, là se bornait la collaboration, et qu'il était bien le véritable auteur de ce qu'il signait.

J'ai insisté sur ce détail, parce que, à mon sens, la collaboration du docteur Véron au *Constitutionnel* est son titre littéraire le plus sérieux.

La nature de son esprit se prêtait parfaitement aux exigences d'un article de journal, à la condition qu'il fût fait à son heure; il avait de l'esprit, du trait, beaucoup de bon sens; mais il manquait de souffle, d'étendue dans l'esprit et surtout, gâté par les mollesses d'une vie trop facile, il n'avait que peu de goût pour le travail. Aussi, plus tard, quand

il voulut entreprendre une œuvre de longue
haleine, les qualités principales lui man-
quèrent.

Les *Mémoires d'un bourgeois de Paris* ne
sont certainement pas une œuvre sans valeur
comme renseignements sur l'histoire contemporaine; il y a de l'esprit, de l'observation,
mais le style en est faible et la composition à
peu près nulle. Le principal mérite consiste
surtout dans la sûreté des informations;
l'auteur a puisé aux bonnes sources : les renseignements politiques sur la Restauration
lui ont été fournis par M. le duc Decazes;
sur Louis-Philippe, par M. de Montalivet;
sur le coup d'État du 2 décembre, par M. de
Morny.

Un excellent article biographique sur
M. Guizot est de M Génie, son ancien secrétaire; un autre sur le maréchal Bugeaud est
de Romieu. En somme, les événements sont
racontés avec exactitude et impartialité, jugés
avec beaucoup de bon sens, et cet ouvrage
restera comme un document utile à consulter pour ceux qui voudront bien connaître
l'histoire de notre temps.

Ces Mémoires ont été diversement jugés
par les principaux organes de la presse, au
moment où ils ont paru; en général, ils ont
été appréciés avec une bienveillance dont
l'auteur se préoccupait beaucoup, et à laquelle

ne furent pas complètement étrangers les
petits soins qu'il sut avoir pour les critiques
les plus importants. Nourri dans le sérail, il
en connaissait les détours.

Il aimait beaucoup qu'on lui parlât le plus
souvent possible de son œuvre de prédilection, et sa modestie ne semblait point
alarmée lorsque, à ce propos, on murmurait
à son oreille le nom de Saint-Simon.

Mais une déception sur laquelle il ne
comptait pas et dont il ne pouvait s'empêcher de parler avec amertume devant quelques amis, ce fut le silence obstiné et dont
j'ai déjà dit un mot, que garda sur son œuvre le critique le plus illustre de ce temps-ci,
M. Sainte-Beuve, dont les spirituelles *causeries* avaient été pendant longtemps un des
principaux attraits du *Constitutionnel*. Son
ancien directeur eut beau mettre en jeu les
plus puissantes influences, rien n'y fit.
M. Fould lui-même, lorsqu'il était ministre
d'État et à ce titre chargé de la direction du
Moniteur, où M. Sainte-Beuve continuait
ses succès, y échoua. Je suis trop l'ami de
Véron, répondit le malin critique, pour pouvoir faire un article sur ses *Mémoires*.

VI

L'évènement du 2 décembre, les mesures politiques qui en furent la conséquence et la suite, et qui modifièrent si profondément la situation de la presse, ne purent pas ne pas atteindre *le Constitutionnel* lui-même. Le moment de la toute puissance de la presse avait disparu, celui de reconnaître les services rendus était arrivé; le docteur Véron fut nommé officier de la Légion d'honneur et bientôt député de la Seine; et, par un singulier jeu du hasard, ce fut cet arrondissement de Sceaux, dont M. de Rémusat, huit ans auparavant, n'avait pas voulu lui confier la sous-préfecture, que le directeur du *Constitutionnel* fut chargé de représenter au Corps législatif.

Dans cette nouvelle situation, rien ne fut changé aux habitudes de l'intérieur; la salle à manger continua de recevoir ses hôtes ordinaires dont quelques-uns furent appelés à des postes importants.

Romieu, qui jouissait de toute la confiance de M. de Persigny, arriva avec lui au ministère de l'intérieur, et, bien qu'on ne voulût lui confier que la direction des Beaux-Arts, où il fit assez triste figure, il avait une véritable influence pour le choix des hommes auprès d'un ministre qui les connaissait fort peu et dont l'esprit, absorbé de préférence par les théories générales de la politique, était peu disposé à les étudier.

Cette influence s'exerça surtout pour les premières élections au Corps législatif, et un assez grand nombre de députés que je pourrais nommer lui durent le choix dont ils furent l'objet.

M. Ledieu, chef de bataillon de la garde nationale, qui était assez souvent des nôtres, fut nommé directeur du Mont-de-Piété, et le comte Gilbert de Voisins nous dit gaiement, en nous annonçant cette nomination : « Eh bien ! messieurs, nous ne pourrons plus appeler Ledieu que *mon oncle* [*]. »

Les dîners officiels que le nouveau député de la Seine crut devoir donner aux principaux personnages politiques appelés à la direction des affaires, devinrent plus fréquents, et ce fut surtout à Auteuil, dans cette somptueuse résidence de la *Tuilerie*, antérieurement habitée par le comte Appony, ambas-

---

[*] On sait qu'en argot parisien on appelle le Mont de Piété *ma tante*.

sadeur d'Autriche, et par M. Thiers, et louée depuis deux ans par le docteur Véron, qu'eurent lieu ces agapes toujours fort recherchées.

Mais un orage qui devait bientôt éclater se formait sur la tête du directeur du *Constitutionnel*. On trouvait en haut lieu que, depuis quelque temps, les allures de ce journal devenaient un peu frondeuses; quelques ouvertures amiables furent faites à ce sujet au docteur; ses amis les plus intimes lui donnèrent quelques sages conseils. Soyez conséquent, lui disait-on. Vous avez contribué à nous donner un maître, vous avez cru que nous en avions besoin, vous avez approuvé le régime administratif appliqué à la presse, souffrez qu'on l'applique à vous comme à tout le monde.

Le directeur du *Constitutionnel* ne tint pas compte de ces avis, et bientôt deux avertissements vinrent arrêter les intempérances de sa plume.

Impitoyablement raillé à ce propos par ses adversaires politiques, faiblement soutenu par ses amis, le docteur ressentit vivement cette double atteinte. Mais voici quel fut le coup de grâce : un jour avait été arrêté pour un grand dîner à la Tuilerie, auquel devaient assister tous les ministres et un maréchal de France, lorsque le deuxième avertissement vint frapper le *Constitutionnel*.

Le lendemain, son directeur recevait une dizaine de lettres à peu près conçues dans les mêmes termes, et par lesquelles ses invités lui témoignaient le regret de ne pouvoir se rendre au dîner qu'ils avaient accepté [1].

Le docteur Véron n'avait pas la sensibilité de Racine, il ne mourut pas du coup.

Mais son humeur en fut profondément atteinte; quelques réunions eurent encore lieu à la Tuilerie, mais à la rentrée à Paris la marmite fut renversée; le docteur reprit ses anciennes habitudes au Café de Paris jusqu'au jour à jamais regrettable où cet établissement sans rival disparut devant les exigences d'un propriétaire grand seigneur, affligé d'une dizaine de millions de rente et qui, pour quelques misérables billets de mille francs, lui donna le coup de grâce.

Du Café de Paris, le docteur Véron passa à la *Maison d'Or*, dont il fut, pendant plusieurs années, l'hôte assidu ; mais, après un premier accident, et sur le conseil de quelques confrères, il eut de nouveau recours aux talents de Sophie, dont les fonctions étaient depuis longtemps devenues une sinécure ; car on ne dînait plus rue de Rivoli que de loin en loin, et ce fut dans sa chambre à cou-

---

[1] Voir, pour le complément de ces détails, la lettre de M. Sainte-Beuve, qui précède cette étude.

cher, en compagnie de son fidèle Millot,
devenu aveugle, d'un gros chat angora très-
familier, et de quelques amis fidèles que, pendant les trois dernières années de sa vie,
eurent lieu les dîners du docteur Véron, pâle
reflet de ces brillantes réunions qui avaient
fait la gloire de Sophie et un peu contribué à
la réputation de son maître.

VII

J'ai déjà parlé du sans-gêne du docteur
Véron dans ses relations habituelles, sans-
gêne auquel ses amis l'autorisaient volontiers
lorsqu'il ne dépassait pas certaines limites,
mais qui pouvait paraître singulier à ceux
qui n'étaient pas encore dans sa familiarité.
Ainsi, à partir de quatre heures, nous étions
à peu près sûrs de le trouver chez lui ; s'il n'y
était pas, on l'attendait et on était autorisé à
s'installer comme chez soi.

C'était le moment des causeries intimes,
celui où on lisait en *épreuve*, où l'on com-
mentait, où l'on corrigeait au besoin l'article
qui devait paraître le lendemain dans le
Constitutionnel.

C'était l'heure aussi à laquelle le maître du logis procédait à une toilette aussi complète que minutieuse. Je dois dire qu'il n'y mettait aucune pudeur; peut-être dans ce laisser-aller y avait-il une certaine coquetterie et le docteur était-il bien aise de protester, devant témoins, contre certains propos souvent répétés, même dans les journaux, au sujet d'infirmités qui lui étaient très faussement attribuées.

Un jour, sur la présentation d'Adolphe Adam, il avait invité à dîner le célèbre corniste Vivier. Vivier est non-seulement un des artistes les plus distingués de ce temps-ci, mais c'est encore un homme de beaucoup d'esprit, d'originalité et d'humour, et je crois qu'il n'y a pas de spleen qui puisse résister à sa verve, lorsque, dans un cercle d'intimité, il peut lui donner un libre essor. Il devint bientôt l'un des charmes de nos réunions.

Ce jour-là, qui était celui de son début dans le cénacle, Vivier arriva, accompagné d'Adam, un peu avant l'heure du dîner; il fut reçu dans la chambre à coucher et très gracieusement accueilli par l'amphitryon. Tout à coup, celui-ci, qui venait de terminer sa toilette, s'apercevant qu'il en avait oublié un détail important, passe devant une glace, se met une serviette sur les épaules et se peigne minutieusement au peigne fin. Vivier, qui n'est pas *bégueule*, trouve l'opération un peu familière ; cependant il ne dit rien et bientôt on passe à la salle à manger.

Quelques jours après, Vivier, invité de nouveau, arrive à la même heure et, au bout de quelques minutes, il prie Sophie de vouloir bien lui donner une serviette et un peigne fin. Sophie, qui était promptement au courant de son personnel et qui savait que l'artiste était un peu excentrique, flaire quelque farce ; elle donne cependant, sans trop se faire prier, les deux objets demandés.

Aussitôt Vivier se place gravement devant une glace et fait subir à son abondante chevelure, l'opération à laquelle, peu de jours auparavant, son amphitryon s'était livré devant lui ; celui-ci comprit la leçon, sourit avec bonhomie... et le dîner n'en fut pas moins gai.

Un autre jour, le sans-gêne du docteur se manifesta d'une façon qui aurait pu être beaucoup plus grave. Je l'ai déjà dit, il aimait à obliger ses amis, et pour être historien sincère, je dois ajouter qu'il y mettait un peu de vanité, et qu'il aimait à faire montre de son crédit.

Il avait un goût très marqué pour un jeune sous-préfet dont j'ai déjà parlé, Léon Lambert, dont il appréciait les qualités et à la carrière duquel il portait beaucoup d'intérêt. Lambert occupait une petite sous-préfecture

du département de la Nièvre, et Véron voulait le faire nommer à la sous-préfecture de
Corbeil. Il avait la promesse du président de
la République ; mais alors le chef de l'État
n'était pas tout à fait le maître. M. Léon
Faucher était ministre de l'intérieur, et avait
fort peu de goût pour son ancien collègue et
rival en journalisme dont les protégés rece-
vaient le ricochet de ses mauvaises dispositions. Aussi la sous-préfecture de Corbeil,
devenue vacante, fut-elle donnée à un autre
candidat.

Véron apprend cette nouvelle au moment
où il allait se mettre à table, il en ressent une
vive contrariété, demande qu'on lui donne
ce qu'il faut pour écrire, trace quelques lignes
où sa mauvaise humeur n'était pas dégui-
sée, les saupoudre d'une pincée de poivre
(sans métaphore), et dit à un groom : Tu
vas porter cela à l'Élysée.

Lambert, qui était là et qui devinait facilement ce que le billet pouvait contenir, fait
tout ce qu'il peut pour arrêter cette escapade ;
il supplie l'irascible docteur :

— Mais vous allez, s'écrie-t-il, briser ma
carrière.

Rien n'y fait. Véron demeure inflexible :
l'homme était là tout entier, et le billet est
porté à l'Élysée.

L'hôte illustre qui occupait alors le palais

de l'Élysée, et dont on pouvait dire à bon droit ce qu'on avait déjà dit de Charles X, qu'il était le premier gentilhomme de son royaume, dut faire une assez forte grimace en recevant le poulet *épicé* du docteur...; mais je ne crois pas que la rancune ait jamais tenu une grande place dans cet esprit doux et élevé.

Peu de temps après, le protégé du docteur Véron était nommé sous-préfet de Sceaux.

VIII

Cette habitude du directeur du *Constitutionnel* d'user de son crédit en faveur de ses amis, était de vieille date chez lui, et en voici encore un exemple qu'il aimait à raconter :

A la fin du mois d'octobre 1840, le docteur Véron était à l'Opéra; il est abordé au foyer par le marquis de L..., un de ses amis, homme aimable, spirituel, qui, après une vie un peu trop consacrée peut-être au plaisir, venait de se ranger et de débuter dans la diplomatie.

Eh bien ! dit le marquis au docteur, vous

savez, le ministère s'en va; fait-on quelque chose pour vous?

— Mais non; je n'ai rien demandé.

— Eh bien! ce n'est pas juste; on vous doit quelque chose ; demandez la croix d'officier de la Légion d'honneur... pour moi.

Le docteur sourit, trouva la chose piquante ; quelques instants après, il abordait M. Thiers qui se trouvait à l'Opéra, lui demandait la croix d'officier pour le marquis, et deux jours plus tard la nomination figurait au *Moniteur*.

Je dois ajouter que le marquis, arrivé à l'un des postes les plus élevés de l'État, où il n'a laissé que de bons souvenirs, particulièrement dans la presse, n'oublia jamais la bonne grâce que lui avait témoignée le docteur Véron et que, pendant la maladie à laquelle ce dernier a succombé, il était de ceux qui envoyaient le plus assidûment chercher de ses nouvelles.

En songeant à ses amis, je ne voudrais pas dire que le docteur Véron s'oubliât lui-même; non. Ce n'était point un Spartiate détaché des vanités de ce monde; mais ce n'était pas un ambitieux, c'était simplement un capricieux.

Gâté par la fortune, gâté un peu par tout le monde, n'ayant presque jamais eu que des succès, même les plus invraisemblables,

Véron était comme ces enfants auxquels on ne sait rien refuser, qui se dégoûtent le lendemain du jouet de la veille et dont il faut satisfaire tous les caprices.

Après le 2 décembre, tout alla au gré de ses désirs; nommé officier de la Légion d'honneur par le président de la République qui lui écrivit, à cette occassion, le gracieux billet qu'il a publié dans ses Mémoires, élu député de la Seine aux élections de 1852, il était dans la lune de miel de la vie politique.

Pris de la fantaisie des décorations étrangères, de cette verroterie, comme dit M. Veuillot, pour laquelle le Français en général et le journaliste en particulier ont un goût fort marqué, le docteur Véron réussit dans ce désir comme dans tous les autres, et bientôt il possédait une foule de rubans, de plaques, innocents joujoux dont l'enfant fut heureux, pendant quelques mois, mais qu'il mit bientôt au fond d'un tiroir où il les oublia pendant quinze ans.

La première feuille de rose, je pourrais dire la première épine, que le sybarite rencontra, ce fut ces deux cruels avertissements qui vinrent attrister sa douce retraite d'Auteuil, et lui valurent ces volte-faces dont j'ai parlé et qui lui furent si cruelles.

Il s'en consola cependant plus philosophi-

quement que ses amis ne l'auraient supposé,
grâce surtout à ces *Mémoires* qui ne furent
au commencement qu'une distraction, et
qui devinrent la grande préoccupation de sa
vie.

Mais la mésaventure dont il ne se consola
pas, et pour laquelle le même remède employé
(les *Nouveaux Mémoires*) fut à peu près
impuissant, ce fut l'abandon par le gouvernement de sa candidature aux élections de
1863. Ce coup imprévu le frappa cruellement, et il ne pouvait en parler sans amertume. Cependant un sourire effleurait ses
lèvres lorsqu'il rappelait l'échec du candidat
que le gouvernement lui avait préféré, et
l'élection de M. Pelletan; il se trouvait suffisamment vengé.

Sans vouloir ici entrer dans l'examen de
questions politiques que ne comportent pas
ces souvenirs familiers, je crains que, dans
cette cicronstance, le gouvernement n'ait été
mal inspiré et qu'il n'ait trop facilement cédé
à des influences et des questions de personnes
qui devraient toujours être primées par l'intérêt général. Et puis, en définitive, pourquoi
n'avoir pas donné au docteur Véron le
dédommagement qu'il ne demandait pas,
mais que personne n'ignorait qu'il désirait
vivement, un siège dans le Sénat, auquel lui
donnaient quelques droits les services qu'il

avait rendus, et où il n'aurait pas fait plus mauvaise figure que bien d'autres.

IX

Une grande contrariété de la vie du docteur Véron, mais dont il devait surtout s'accuser lui-méme, ce fut l'histoire de ses tableaux.

Toutes les personnes qui ignoraient ce détail et qui ont assisté à la vente mobilière faite dans son appartement quelque temps après la mort du docteur, ont été fort surprises de ne pas y trouver un seul objet d'art. Ce complément indispensable de tout mobilier élégant, si à la mode aujourd'hui, même chez les personnes qui n'ont que très modérément le goût des arts, ne brillait dans l'appartement de la rue de Rivoli que par sa plus complète absence.

Cependant le docteur Véron avait eu sa collection; sans être doué d'un goût très éclairé pour les arts, il en avait l'instinct, et puis il sut prendre de bons conseils, et lorsqu'il voulut faire une collection, il fut heureux en cela comme en toutes choses.

Cette collection ne fut jamais bien nombreuse, elle fut limitée par la place, mais elle avait été très heureusement choisie. On y voyait une des œuvres les plus importantes de Decamps, le *Joseph vendu par ses frères*, que le docteur avait payé 38,000 fr. à la vente de la duchesse d'Orléans ; un magnifique dessin du même maître, le *Passage du gué*, qui est aujourd'hui chez M. le baron de Rothschild, et qu'il a payé 12,000 fr. ; un Chardin, un Th. Rousseau de la meilleure qualité ; un très beau portrait de la duchesse de Châteauroux, par Nattier ; deux merveilleux pastels de La Tour : mademoiselle Sallé, de l'Opéra, et madame Grimod de la Reynière, un buste de Sophie Arnould, etc.

Un jour, un des collègues du docteur Véron au Corps législatif où il avait beaucoup contribué à le faire arriver, et qui était de son intimité, vint lui proposer de lui acheter tous ses objets d'art ; c'était M. Henri Didier, député de l'Ariège, qui vient de succomber à l'affection du cerveau dont son singulier discours au Corps législatif, le seul qu'il y ait prononcé pendant seize ans, fut la première et triste manifestation.

M. Didier, fils d'un ancien secrétaire général du ministère de l'intérieur, petit-fils du chef de la conspiration de Grenoble, qui est encore une énigme historique, et frère aîné du jeune préfet dont j'ai parlé, et qui était un des protégés de Véron, s'était trouvé à sa majorité, à la tête d'une fortune assez importante; cette fortune était un peu ébréchée au moment de la révolution de 1848; mais il sut la refaire assez promptement par des spéculations heureuses dont il avait le goût et l'aptitude et dans lesquelles les objets d'art tenaient leur place.

Il était fin connaisseur dans cette spécialité, savait trouver les bons morceaux et les avoir à bon marché, fréquentait les ateliers, étant un peu peintre lui-même, et faisait de temps en temps, ce qui se généralise malheureusement trop aujourd'hui, une de ces ventes qui révèlent bien plus le spéculateur que le véritable amateur. — Il sut persuader à Véron que les tableaux étaient en baisse et qu'il ferait bien de se défaire des siens avec bénéfice; bref, il lui offrit la somme de 85,000 francs, payée comptant, de tous les objets d'art qu'il possédait, à la condition que, lorsqu'il le voudrait, il pourrait faire une vente sous le nom du docteur Véron.

Le marché, irréprochable au point de vue de la régularité commerciale, fut conclu, la condition acceptée; le lendemain, des commissionnaires enlevaient tous ces charmants souvenirs du passé qui embellissaient la demeure du docteur Véron, ces portraits uniques de la Sallé et de Sophie Arnould que l'ancien directeur de l'Opéra devait être si heureux de posséder, et il ne restait plus sur les murs que des tentures fanées.

Deux mois après, une vente de tableaux, dans laquelle M. Didier fit entrer beaucoup de ceux qu'il possédait, fut faite sous le nom du docteur Véron; le spéculateur y doubla ses capitaux, mais il se brouilla avec son ancien ami, qui ne lui pardonna jamais d'avoir profité d'un moment de faiblesse pour faire avec lui une trop bonne affaire.

X

Les trois principales sources de la fortune du docteur Véron furent la direction de l'Opéra, la vente de sa part du *Constitutionnel* à M. Mirès, et la spéculation de la pâte Regnauld.

Je ne reproduirai pas les ridicules anecdotes inventées à plaisir et souvent répétées au sujet de la direction de l'Opéra, les difficultés que le docteur Véron aurait faites pour jouer *Robert le Diable*, etc. Il a été fait jus-

tice de toutes ces inventions dans l'article de
M. Albéric Second, que j'ai déjà cité.

Quant à la vente de sa part dans le *Constitutionnel* et au procès qui s'ensuivit, ce fut
certainement l'épisode de la vie du docteur
Véron qui lui causa le plus de soucis. Perdu
en première instance, plaidé contre lui avec
beaucoup de passion par un ancien ministre
que le *Constitutionnel* avait souvent com-
battu, ce procès fut en définitive gagné en
appel par le docteur, sur la plaidoirie de
Mᵉ Marie, et sa loyauté, vivement incriminée
par ses adversaires, sortit triomphante de
cette épreuve.

L'affaire de la *pâte de Regnauld* est trop
intimement liée à la personnalité du docteur
Véron, elle a trop souvent donné lieu à des
plaisanteries devenues banales, pour que je
ne tienne pas à raconter scrupuleusement
son histoire.

En 1824, le docteur Véron, récemment
pourvu de son diplôme, admis, sur la présentation de son ami Malitourne, à fournir
quelques articles littéraires dans le journal
la Quotidienne, donna un déjeuner auquel
assistaient Jules Janin, qui débutait lui aussi,
dans la presse, MM. Michaud et Roger, de
l'Académie française, et quelques autres
gens d'esprit et de goût. A la fin de ce déjeuner, son début dans son rôle d'amphitryon

qui, plus tard, contribua à sa célébrité, le jeune docteur développa avec beaucoup d'intelligence et d'originalité une thèse industrielle qui était celle-ci :

La publicité des journaux n'a été, jusqu'à présent, appliquée qu'aux livres; pourquoi ne l'appliquerait-on pas à un objet de consommation usuelle, à un produit de pharmacie ou de parfumerie. Il y aurait là une fortune à faire, en même temps qu'une source de revenus considérables à créer pour la presse.

A quelque temps de là, le pharmacien Regnauld, très proche voisin du docteur Véron et avec lequel le jeune débutant avait de fréquentes relations, fut enlevé par une mort prématurée; il avait laissé entre les mains de sa veuve la formule d'une pâte pectorale sur l'efficacité de laquelle il comptait beaucoup, non seulement pour guérir les rhumes, mais encore pour grossir ses recettes. Le docteur Véron examina la formule, en fut satisfait et, poursuivi de son idée, se dit : je tiens mon affaire.

Le point important était de trouver un associé intelligent qui menât l'affaire; le jeune docteur ne pouvait pas y mêler son nom et les convenances médicales l'obligeaient à rester dans la coulisse. Cet associé fut trouvé dans la personne de M. Frère, ancien pharmacien des armées ; un traité, dans lequel les intérêts de la veuve étaient sauvegardés, fut conclu ; le docteur lança très habilement l'affaire en se chargeant d'obtenir l'approbation du remède par plusieurs médecins célèbres, et en employant assidûment la publicité des journaux.

Au point de vue commercial, l'affaire fut dirigée avec beaucoup d'intelligence par M. Frère, qui dans la suite ajouta à ce premier produit un assez grand nombre de médicaments fort usités et dont il avait acheté la propriété. Bref, il y a un an, M. Frère mourait à Cannes, laissant à ses héritiers une fortune de plusieurs millions, après avoir désintéressé le docteur Véron, auquel il faisait une rente viagère de cent mille francs.

Tout récemment le légataire du docteur Véron a retiré de la maison Frère la somme de 17,000 francs représentant la part de commandite du docteur qui, comme on le voit, avait été un bon placement.

On peut donc dire, après ces détails dont je garantis la scrupuleuse exactitude, que si c'est un médecin, Théophraste Renaudot, qui a créé le journalisme en France, il y a deux siècles et demi, c'est un autre médecin, le docteur Véron, qui, il y a bientôt un demi-siècle, a créé la publicité de la quatrième page des journaux, qui a si grandement accru les produits de la presse française et si profondément modifié ses conditions d'existence.

D'après les indications que je viens de donner sur les trois principales sources de la fortune du docteur Véron, détails connus de la plupart de ses amis, on s'attendait à un chiffre plus considérable que celui auquel elle s'est élevée. Cette fortune a été d'un peu plus d'un million, somme sur laquelle son légataire universel a eu à payer pour environ quatre cent mille francs de legs.

On s'est étonné que, parmi ces legs, le docteur n'ait rien laissé aux Sociétés dont il faisait partie, comme l'Association générale des médecins de France, la Société des gens de lettres : il est vrai que pour cette dernière, la façon dont avait été accueillie une première libéralité n'en avait guère encouragé d'autre.

Quoi qu'il en soit, dans les derniers temps de sa vie, le docteur Véron avait dû éprouver quelques déceptions au sujet de sa fortune, car il est à peu près certain qu'un an avant de mourir, il avait fait un testament comprenant des legs plus nombreux et dans lesquels deux hommes de lettres fort connus étaient compris pour la somme de vingt mille francs chacun.

. . . .

J'arrêterai là ces souvenirs ; en les livrant

à la publicité, je n'ai eu qu'une prétention, c'est l'exactitude et la sincérité. Si ces causeries familières ont eu pour résultat de faire mieux connaître un homme dont on s'est beaucoup occupé de son vivant, mais sur le compte duquel bien des anecdotes controuvées ont été mises en circulation, mon but aura été atteint. Je me féliciterai surtout si j'ai contribué un peu à mettre dans son vrai jour une personnalité originale et qui, sans rien surfaire, tiendra sa place dans l'histoire de notre temps.

LES JOURNALISTES

D'AUTREFOIS

LES

JOURNALISTES D'AUTREFOIS

(*Figaro*. — Janvier 1879.)

Ce fragment de *Mémoires* qui ne sont pas destinés à la publicité, du moins quant à présent, — fut, par une circonstance fortuite, communiqué au rédacteur en chef du *Figaro*, auquel il parut offrir de l'intérêt; il témoigna le vif désir de le publier et voulut bien faire précéder cette publication des lignes suivantes :

« En attendant que nous reprenions la publication des *Souvenirs* de M. Granier de Cassagnac — ce qui aura lieu prochainement — nous empruntons à des mémoires inédits des fragments fort intéressants sur les hommes et les choses dans les premières années du roi Louis-Philippe. L'auteur, comme on le verra, était très mêlé alors au mouvement du journalisme et de la littérature, et le temps n'a rien enlevé à la verve et à l'agrément de ses souvenirs. »

I

Tout en faisant une large part à l'actualité, le *Figaro* ne dédaigne pas les études rétrospectives, et ses nombreux lecteurs n'ont oublié ni les *Mémoires d'un Journaliste*, par son rédacteur en chef, ni les souvenirs d'Alphonse Karr, ni les très curieuses révélations sur le second Empire, récemment publiées par M. Granier de Cassagnac. Quelque périlleux qu'il puisse être de prendre la parole après de pareils maîtres, je profite de l'hospitalité qui m'a été gracieusement offerte pour publier quelques souvenirs sur une génération qui a presque complètement disparu, avec l'espoir que cette causerie familière et en robe de chambre ne sera pas sans quelque intérêt pour ceux qui lui ont succédé.

Venu à Paris en 1834 pour y compléter mes études, j'y fis bientôt la connaissance d'un jeune étudiant en médecine qui faisait le compte-rendu de la Chambre des députés pour le journal *le National*; cela s'appelait, dans le langage du temps, *faire la Chambre*. Ce travail n'était pas sans importance à cette époque du complet épanouissement du gouvernement parlementaire ; il n'était pas aussi complet que le compte-rendu sténographique publié par le *Moniteur* et ressemblait davantage, mais avec plus d'étendue, au compte rendu analytique du second Empire. Il était beaucoup plus difficile, car les rédacteurs chargés de cette besogne étaient fort mal placés, dans une tribune de second rang d'où l'on entendait assez bien l'orateur qui occupait la tribune, mais fort mal ceux qui l'interrompaient et que l'on ne voyait que de dos. Or *l'interruption* jouait un grand rôle dans le compte-rendu des débats parlementaires, et, sous cette indication : *une voix*, le rédacteur y prenait part quand bon lui semblait. C'est un journaliste qui a prêté au maréchal Sébastiani, exposant les difficultés d'une campagne en Pologne que réclamait l'opposition, ce mot qui a souvent été répété : « Faut-il y aller *en ballon*? » On ne prévoyait pas encore l'importance que le ballon a acquise plus tard.

Cette ingérence, ou plutôt cette omnipotence de la presse dans le compte-rendu des débats parlementaires où l'on pouvait faire dire à un député ce qu'il n'avait pas dit, où, au moyen d'un *on rit*, distribué à volonté,

on pouvait le rendre ridicule, cet incontestable abus a souvent préoccupé les pouvoirs
publics; mais, alors qu'il fallait beaucoup
compter avec le *quatrième pouvoir*, le remède
n'était pas facile à trouver; on nomma des
commissions, comme cela se fait d'habitude
quand les questions sont d'une solution difficile, et, bien entendu, ces commissions
n'aboutirent à rien.

Sous le prétexte de l'aider dans son travail,
mais en réalité pour me procurer une agréable distraction à laquelle je prenais un goût
très vif, mon ami Pierre Bernard, c'était le
nom du jeune rédacteur du *National*,
m'emmenait à sa tribune pour les séances
intéressantes, et bientôt il fut convenu entre
nous que, si une occasion favorable se présentait, il me ferait entrer dans quelque journal pour faire, en sous-ordre, au début, ce
travail dont il s'acquittait si bien. Cette
occasion se présenta au commencement de
la session de 1835; un nouveau journal très
démocratique, le *Réformateur*, venait d'être
fondé par Raspail; bien que j'appartinsse à
ce qu'on appelait alors la jeunesse libérale,
la nuance me semblait bien un peu vive et
me causait quelques scrupules; mais Bernard
me rassura en me faisant remarquer qu'il ne
s'agissait après tout que d'un travail spécial,
qu'il suffisait de faire avec intelligence et en

soignant les orateurs du parti, et qu'on n'était
pas obligé d'épouser les doctrines du premier-
Paris.

J'acceptai donc, et bientôt je fus *en pied*
dans cette tribune des journalistes où jusque-là je n'étais venu qu'en amateur; je *fais
la Chambre* comme adjoint à un vieux rédacteur nommé Millot et surnommé *Jésus-
Christ,* — je ne sais pourquoi; ce n'était
certainement pas à cause d'un *carrick* à
quatre collets, que j'avais vu aux élégants
dans mon enfance, mais dont Millot ne pro-
longeait plus la mode surannée qu'en compagnie de quelques cochers de fiacre; c'était
un type assez curieux et qui n'appartenait
guère au groupe de gens intelligents qui faisaient alors avec distinction le travail dont
j'allais faire l'apprentissage et parmi lesquels
on comptait Wollis, le spirituel chroniqueur,
le Charlet de la *Gazette des Tribunaux,*
où il créa avec tant de succès l'article *Police
correctionnelle,* — Flocon, qui pour son
malheur fut ministre en 1848, — je ne veux
pas dire pour le nôtre, car ce ne fut pas le
plus mauvais, — et qui faisait la Chambre
pour le *Constitutionnel*; Alexandre Tardieu,
qui faisait le même travail pour le *Courrier
français,* dont il était en même temps le
critique d'art et qui est devenu, sous l'Empire, rédacteur en chef des procès-verbaux

du Corps législatif; enfin Pierre Bernard,
mon introducteur, qui faisait le *National,* où je devais le remplacer l'année suivante.

On voyait encore, dans cette tribune, moins
aristocratique, mais beaucoup plus nombreuses, et plus pittoresque que celle des
rédacteurs en chef, d'autres types curieux et
variés; ainsi, à côté de jeunes étudiants
comme Bernard et moi, figuraient trois
anciens gardes du corps, déjà mûrs, tous,
bien entendu, attachés à des journaux légitimistes : Jadin, le frère du peintre, pour la
Quotidienne, Brisset pour la *Gazette de
France,* Théodore Anne, pour la *France,*
tous les trois ayant travaillé pour le théâtre.
C'est aussi vers cette époque que fit dans
notre tribune une apparition assez courte et
peu remarquée, un jeune homme dont personne ne prévoyait certainement alors les
hautes destinées, M. Fialin de Persigny,
attaché à la *Correspondance Justin.*

Le hasard me donna pour voisins deux
rédacteurs du *Corsaire,* hommes d'esprit l'un
et l'autre, mais d'une nature bien différente,
qui faisaient, chacun à leur tour, un article
sur la Chambre, presque toujours très
piquant : le premier était Eugène Briffaut,
alors très populaire, joyeux boute-en-train,
grand buveur de champagne, et qui fut, à

bon droit, choisi pour faire le *Viveur* dans les *Français peints par eux-mêmes*, où Bernard a fait avec non moins de vérité l'*Infirmier*. Briffaut avait eu le bras cassé l'année précédente, dans un des duels politiques qui eurent lieu à cette époque, par un assez triste personnage [1], dont j'avais quelques raisons pour me rappeler le nom, car, dix ans auparavant, il avait tué à bout-portant, dans un duel *à marcher*, un chirurgien-major de la marine, ami de ma famille, détail que Briffaut ignorait et que je lui racontai; il souffrait encore de sa blessure, surtout en écrivant, mais il n'était pas moins gai pour cela.

Le second rédacteur du *Corsaire* était un type bien différent, et son nom, peu connu alors, est aujourd'hui complètement ignoré; c'était cependant un universitaire fort distingué, du nom de Hourdoux; il avait eu le *prix d'honneur* en 1811, un an après Cousin; c'était une espèce de Chodruc-Duclos littéraire; il était assez misérable et ne pardonnait pas à ses deux anciens copains, Cousin et Villemain, de l'avoir laissé tellement en arrière et de n'avoir pu obtenir de leur crédit qu'une maigre pension de douze cents francs, sur les secours aux gens de lettres;

[1] M. de la Trésorière.

aussi n'était-il jamais plus heureux que lorsqu'il pouvait leur offrir dans son journal un
éreintement bien senti et toujours littéraire.

II

Comme mon but principal, dans cette
étude rétrospective, est de raconter sans parti
pris et *boná fide*, ce qui est facile à quelqu'un
qui n'a point joué de rôle politique, mais qui
a beaucoup fréquenté les coulisses de ce
grand théâtre, et qui *se souvient*; comme ma
seule prétention est de rappeler quelques
détails dont j'ai été le témoin et qui ne sont
pas sans intérêt quand il s'agit de gens la
plupart aujourd'hui disparus, quelques-uns
oubliés et qui de leur vivant ont eu leur importance, je reviens au *Réformateur*.

Le *Réformateur* était alors le journal de
la démocratie la plus avancée; il dépassait
de beaucoup la *Tribune*, qui était cependant
assez accentuée et à plus forte raison le *National*, qui, pour Raspail, n'était qu'un nid
d'aristocrates. Raspail, son fondateur, n'était
guère alors connu que par quelques travaux
scientifiques estimables et n'avait pas encore

conquis la réputation de moins bon aloi que lui valurent plus tard la politique et le camphre; il ne me fallut pas longtemps pour voir le degré d'exaltation auquel ce fanatique était arrivé.

Ses deux principaux collaborateurs, sur lesquels il avait beaucoup d'empire, étaient Dupoty, un homme à *breloques*, mélange de beau de province et de commis-voyageur, au demeurant assez pauvre sire et qui eut cependant un moment de célébrité par une condamnation très sévère et très critiquée que la Cour des Pairs lui infligea, pour cause de *complicité morale* (délit nouveau) dans l'attentat Quenisset. L'autre collaborateur était Dubosc, gros garçon, qui, par sa bonne humeur, contrastait singulièrement avec son chef, et qui gaspillait, dans une politique bien peu en harmonie avec ses goûts et ses allures, une fortune et des aptitudes dont il aurait pu faire un meilleur emploi.

J'avais, du reste, très peu de rapports avec ce monde-là; je n'allais au journal que lorsque le travail de la Chambre l'exigeait, et, aussitôt ce travail terminé, je partais avec mon chef de file Millot. Je pus cependant être témoin de l'émotion qui régna au journal, la veille du duel que Raspail eut avec Cauchois-Lemaire, alors rédacteur en chef du *Bon Sens,* à la suite d'une polémique

très vive et que j'ai raconté dans le *Figaro*
du 11 janvier 1878.

Comme Raspail était très mauvais cou-
cheur, Millot, le pacifique Millot, eut une
discussion avec lui, je ne sais plus à quel
propos, et dut quitter le journal avant la fin
de la session. Je le suivis dans sa retraite,
prenant facilement mon parti de cette mésaventure qui eut cependant son côté assez
piquant pour moi, car Millot obtint, par
jugement du tribunal de commerce, une
indemnité de douze cents francs dont il se
garda bien de m'offrir une part proportion-
nelle.

Je me résignais d'autant plus facilement
que je ne voulais pas faire du journalisme
ma carrière et que je me rattrapais en reprenant mes études avec une assiduité que mes
travaux *parlementaires* avaient un peu inter-
rompue. Mais il faut bien dire que quand on
a mordu, même dans les conditions très
modestes où j'avais débuté, à cette agitation
de la vie politique, surtout dans l'ardeur de
la jeunesse, il est bien difficile de s'en désin-
téresser complètement. Aussi j'avais conservé
mes entrées dans notre tribune et j'y allais
encore de nouveau, en amateur, lorsque les
séances étaient intéressantes.

J'étais dans cette situation lorsque, quelques jours avant l'ouverture de la session

de 1836, Bernard, avec lequel j'avais continué mes relations d'intimité, vint me trouver
pour me proposer de le remplacer au *National*, voici à quelle occasion : Armand Carrel
s'occupait depuis quelque temps de travaux
historiques et avait proposé à Bernard de
prendre auprès de lui la position que lui-
même avait occupée auprès d'Augustin
Thierry, d'être son secrétaire. Bernard, qui
avait une grande facilité de travail et un
caractère très agréable, convenait parfaitement pour cette position, qu'il accepta avec
d'autant plus d'empressement qu'elle le rapprochait davantage de Carrel pour lequel il
avait une grande sympathie. Il me dit : Carrel m'a laissé le choix de mon successeur;
voulez-vous me remplacer? Je ne me fis pas
prier, bien que cette succession, après mes
trois mois d'apprentissage, m'effrayât un
peu.

Le lendemain, Bernard vint me prendre
pour me présenter au rédacteur en chef du
National. Carrel avait quitté depuis quelque
temps la petite maison de la rue Blanche,
nº 9, où il habitait au moment de son duel
avec Roux-Laborie et occupait un bel appartement, au premier, rue Grange-Batelière,
nº 7, aujourd'hui nº 18.

Ce ne fut pas sans une vive émotion que
je parus devant cette personnalité, alors dans

tout son éclat et qui, par son talent comme
par son caractère, occupait dans la presse
une place de premier rang et avait toutes les
sympathies de la jeunesse libérale. Carrel
avait alors trente-cinq ans ; il était assez grand,
mince ; il avait une abondante chevelure noire
et ne portait ni barbe ni moustache ; sa
physionomie, sinon ses traits, rappelait assez
celle de Bonaparte, premier consul ; son œil
noir et perçant, un peu couvert par l'arcade
sourcilière, donnait surtout beaucoup de
caractère à cette figure très distinguée, qui a
été merveilleusement rendue par le médaillon
de David, dont le bronze traduit très bien les
traits accentués et la chaude coloration d'une
peau brune.

Carrel me reçut avec cette grâce mêlée
d'une certaine dignité, qui était le caractère
distinctif de sa personne et ne l'abandonnait
jamais ; après quelques questions bienveil-
lantes sur la carrière à laquelle je me desti-
nais et, sans me demander de profession de
foi, il me dit : Bernard m'a répondu de vous,
vous êtes des nôtres.

Quelques jours après j'entrais en fonctions,
comme chef d'emploi, avec un traitement de
quatre cents francs par mois, ce qui était
magnifique pour un étudiant, et Carrel me
donnait pour collaborateur un aimable jeune
homme, J. G., qui faisait déjà au *National*

le compte rendu de l'Académie des sciences,
de concert avec le docteur Dumont, gendre
de Pariset; il est aujourd'hui membre de
l'Institut et sénateur... Il a fait plus de chemin que moi [1].

Les principaux collaborateurs du *National*
étaient alors :

Adolphe Thibaudeau, fils du célèbre con-
ventionnel, l'élu de trente-deux collèges après
le 9 Thermidor, l'auteur de la première histoire du Consulat et de l'Empire qui ne fut
pas inutile à M. Thiers et le protecteur de
l'enfance de ce dernier qu'il fit entrer comme
boursier au collège de Marseille, lorsqu'il
était préfet de cette ville; je me laisserais aller
volontiers à parler plus longuement du père,
qui était une *figure*, dans la conversation
duquel il y avait beaucoup à gagner, que j'ai
beaucoup pratiqué, car il était mon compatriote et l'ami de ma famille; et son modeste
salon que j'ai fréquenté jusqu'à sa mort, arrivée en 1854, est un des premiers qui m'aient
été ouverts à mon arrivée à Paris; mais je
ne dois pas oublier qu'il ne s'agit ici que du
National et que c'est du fils seulement que
je dois parler. Adolphe Thibaudeau était
déjà, à cette époque, un homme de quarante

[1] Il s'agit de M. Joseph Garnier, mort il y a quelques mois.

ans; il n'était journaliste que par hasard, et voici comment la chose était arrivée : après un premier désastre financier éprouvé à Vienne, où, dans des spéculations de Bourse, il avait compromis la fortune de son père, alors en exil, il était venu à Paris où son nom, son esprit très brillant, ses grandes aptitudes pour les affaires, l'avaient promptement mis en rapport avec les principaux financiers de l'époque, notamment avec M. Laffite. Sous le patronage du riche banquier, il prit la direction d'un établissement industriel important, la verrerie de Choisy-le-Roi, qui, pendant quelque temps, marcha à merveille, mais sombra dans la crise commerciale qui suivit la révolution de Juillet. J'insiste sur cette circonstance que je rappellerai bientôt et qui acquit une si triste importance dans le duel qui coûta la vie à Carrel et que j'aurai à raconter.

A la suite de ce désastre commercial, et pour échapper aux obsessions de créanciers trop pressants, Thibaudeau partit pour l'Angleterre et, comme c'était un homme de ressources, qu'il avait une connaissance parfaite de la langue anglaise, il envoya de Londres au *National* une correspondance signée O..., qui fut très remarquée. Lorsque l'orage fut un peu calmé, Thibaudeau revint en France et prit une part plus régulière à la rédaction du *National* dont il était, après

Carrel, le collaborateur le plus actif, et où il
était spécialement chargé de la polémique
quotidienne. Carrel avait beaucoup de goût
pour lui, c'était celui de ses collaborateurs
qu'il fréquentait le plus souvent, et il vivait
avec lui dans une grande intimité.

Après Thibaudeau venait Littré, qui était
déjà un savant, — M. Littré a dû naître savant — et qui, avec son esprit encyclopé-
dique, menait de front des travaux de médecine fort estimés, des études philologiques
dont nous avons plus tard pu admirer le résultat, et une collaboration assez assidue au
National, où il était spécialement chargé de
la politique étrangère; — le *père* Desloges,
un vétéran, ancien rédacteur du *Globe,* grand
joueur d'échecs, qui était toujours prêt à
faire un article suffisant sur n'importe quoi;
— Ernest Becquet, qui traitait spécialement
les questions d'économie politique; c'était le
frère puîné d'Etienne Becquet, rédacteur
des *Débats*, auteur du fameux article paru
dans cette feuille à propos de l'avènement
du ministère Polignac et qui se terminait
par ces mots : « Malheureuse France, malheureux roi ! », et de Mme de Courchamp,
chez laquelle M. Thiers alla chercher une
prudente retraite dans la vallée de Montmorency, pendant les journées de Juillet. Le
feuilleton des théâtres était confié à un cri-

tique très autorisé, Hippolyte Rolle, pour lequel Carrel avait beaucoup de goût, non seulement parce que c'était un homme d'un grand talent, mais encore parce que c'était, comme disent les Anglais, un parfait *gentleman,* ce que Carrel prisait fort. Mon vieil ami Rolle est, aujourd'hui, le seul survivant de cet état-major, et j'espère que c'est encore pour longtemps, malgré les rudes assauts qu'a subis sa santé. Plusieurs autres écrivains en renom tels que Sainte-Beuve, D. Nisard, etc., faisaient de temps en temps des articles *Variétés.* Il est bien entendu que je ne veux citer ici que les vrais rédacteurs, l'état-major, et que je néglige un certain nombre d'individus (*gens ardelionum*) qui fréquentaient volontiers les bureaux du *National,* pour faire croire qu'ils en étaient, servitude du parti que Carrel lui-même était obligé de subir, tout en tenant à distance ceux qui étaient importuns.

C'est au *National,* dans l'hiver de 1835, que je vis pour la première fois M. Louis Blanc, qui venait de débuter au journal *le Bon Sens,* et dont Carrel admit quelques articles dans son journal; je fus assez surpris quand je vis l'auteur de ces articles imagés, éloquents, quoique un peu déclamatoires, ce qui ne déplaît pas à la jeunesse; il paraissait alors à peine âgé de quinze ans.

III

Ce ne fut pas, — je l'ai déjà dit, — sans
une certaine appréhension, qu'après trois
mois d'apprentissage au *Réformateur*, je
pris la succession de Bernard au *National*;
ce travail, beaucoup plus développé que ne
l'a été le compte rendu analytique sous l'Empire, qu'il fallait faire sans le secours de la
sténographie que j'ignorais complètement,
et avec l'aide d'un collaborateur très inexpé-
rimenté, n'était pas chose facile. Dans cette
tribune du second rang, où l'on était très
étroitement installé, il fallait comprendre rapidement, écrire de même, et plusieurs ont
échoué dans ce travail ardu. La responsabilité était particulièrement lourde vis-à-vis
d'un rédacteur en chef comme Carrel, avec
lequel les rapports étaient charmants, car il
était d'une exquise courtoisie ; mais il prenait son journal très au sérieux, il voulait qu'il fût bien fait, et, malgré sa polémique souvent acerbe et dédaigneuse avec
le *Journal des Débats*, c'était ce journal qu'il
prenait le plus volontiers pour point de com-

paraison, — comparaison dangereuse, car pour le travail dont j'étais chargé, le *Journal des Débats* se faisait dans des conditions bien différentes des nôtres.

Ce travail y était confié à un vieux sténographe du *Moniteur*, le *père* Breton, qui datait du procès de Gracchus-Babeuf, et dont je n'ai pas parlé, parce qu'il n'habitait pas notre tribune. Profitant de ses privilèges de rédacteur du *Moniteur*, il était constamment dans l'hémicycle de la Chambre, et là il notait avec soin les interruptions que nous entendions si difficilement, et il en parsemait son compte rendu, qu'il faisait avec des *épreuves* du *Moniteur*. Il pouvait donner sa *copie* à une heure avancée de la nuit, ce qu'on n'admettait guère au *National*, et tous ces motifs réunis lui assuraient une incontestable supériorité sur nous. Ce fut à ces privilèges et à son absence de tout scrupule qu'il dut de pouvoir mettre dans son journal, en 1832, l'interruption du député Dulong, qui ne figura pas au *Moniteur*, interruption qui fut cause de son duel avec le général Bugeaud et lui coûta la vie.

Comme spécimen des difficultés que présentait notre travail dans les conditions où nous étions placés et du discernement qu'il fallait y apporter, je veux citer un incident qui se présenta peu de temps après mon entrée en fonctions et qui me causa une certaine émotion. Dans une séance importante du commencement de la session, à propos de la discussion sur la conversion de la rente, M. le duc de Broglie, ministre des affaires étrangères, répondant à une question d'un membre de la gauche, avec ce ton cassant et un peu dédaigneux qui lui était familier, se servit trois ou quatre fois de cette locution : *Est-ce clair?* qui a été souvent répétée et est restée célèbre dans les fastes parlementaires. Je racontai l'incident à Carrel en revenant de la Chambre; il trouva dans le journal du soir la confirmation de mon récit et le fameux mot en toutes lettres, et fit immédiatement, à ce sujet, un de ces articles à l'emporte-pièce dont il avait le secret et qui ont fait dire avec raison que ces articles semblaient écrits avec la pointe d'une épée.

Mais le lendemain, en lisant le discours du duc de Broglie dans le compte rendu du *National*, il n'y trouva pas le mot qui avait servi de texte à son article; le soir même il me parla de cette omission d'un ton sec et contrarié qui ne lui était pas habituel; mais il me fut facile de mettre ma responsabilité à couvert; ce n'était pas moi qui avais *fait* le discours du duc de Broglie, ayant donné la préférence à celui de M. Odilon Barrot, qui l'avait précédé, c'était mon collaborateur

G..., le sénateur d'aujourd'hui ; à l'appui de mon assertion, j'envoyai chercher la copie à l'imprimerie, elle me justifia complètement; le pauvre G..., peu familier avec ce genre de travail, n'avait pas reproduit le mot textuel et l'avait remplacé par je ne sais quel synonyme, d'un choix malheureux.

Comme ce sont des souvenirs intimes et inédits que j'écris, je veux donner sur les circonstances qui ont engagé Carrel à continuer le journalisme après la révolution de Juillet, et sur sa position privée au moment où j'entrai au *National*, quelques détails qui ne seront pas sans intérêt et qui pourront aider à expliquer bien des choses; Sainte-Beuve en a touché un mot dans l'étude qu'il a consacrée à l'illustre publiciste, mais il n'avait pas vu d'aussi près que moi et il n'y a pas mis la précision que je vais tâcher d'y apporter.

IV

Carrel, lorsqu'il était sous-lieutenant dans un régiment d'infanterie, était devenu l'amant de la femme d'un de ses chefs de bataillon, avec lequel cette *irrégularité* lui valut, lorsqu'il eut quitté le service, un duel. Cette liaison devint bientôt une chaîne, à laquelle Carrel fut rivé jusqu'à la fin de ses jours et qui eut, comme on va le voir, une grande influence sur sa destinée.

Après la révolution de Juillet, comme cela se pratique toujours en pareille circonstance et s'est pratiqué depuis sur une plus large échelle, chacun chercha à avoir la meilleure part possible dans les dépouilles opimes, la presse ne fut pas oubliée et en première ligne se trouvait le *National* qui avait si puissamment contribué à l'intronisation de la branche cadette et qu'il fallait pourvoir; aussi MM. Thiers et Mignet furent immédiatement casés au Conseil d'Etat, mais Carrel qui était sur le même pied qu'eux, puisqu'ils étaient tous les trois rédacteurs en chef, chacun leur mois, Carrel fut envoyé en mission dans les départements de l'Ouest; on a pensé non sans raison, que cette *faveur* fut un bon tour de son collègue, M. Thiers, qui redoutait l'indépendance de ce *géneur* et qui était bien aise de s'en débarrasser pour quelque temps. Carrel, qui n'était pas un ambitieux, accepta sans se faire prier cette mission qui du reste flattait peut-être ses goûts militaires et la remplit avec autant de conscience que de dévouement.

A son retour, on crut suffisamment récompenser ce dévouement en lui offrant la préfecture... du *Cantal*, qui n'était pas encore illustrée par l'immortelle épopée de Dumersan, faveur d'autant plus singulière, quand elle était offerte à un homme de la valeur de Carrel, que, quelques jours auparavant, on avait donné une préfecture meilleure que celle-là à M. Gauja, l'ancien *gérant* du *National*. Quelque maigre que pût sembler la pitance à l'ancien collègue de MM. Thiers et Mignet, Carrel ne refusa pas et il se disposait à se rendre à son poste lorsqu'il reçut la visite d'un ambassadeur *officieux* que M. Guizot, ministre de l'intérieur, lui envoyait pourlui faire quelques observations au sujet de son *intérieur*, dont le ministre avait été informé et lui faire comprendre qu'il devait aller *seul* prendre la direction administrative qui lui était confiée. (De nos jours on n'a pas de ces scrupules-là; et nous pourrions citer un personnage qu'une situation semblable n'a pas empêché d'être pourvu d'une grande ambassade.) Carrel éconduisit l'ambassadeur sans avoir donné de réponse positive; mais après en avoir conféré avec la personne intéressée, il notifia au ministre un refus très net.

Cet incident ne pouvait être ignoré au *National*, avec lequel Carrel avait conservé des relations, et les propriétaires de ce journal, un peu inquiets de sa situation, s'empressèrent de profiter de cette circonstance pour en confier la direction, à de très belles conditions, à celui de ses fondateurs qui se trouvait ainsi en disponibilité.

Le *National*, sous la direction de Carrel, soutint le gouvernement de Juillet jusqu'à la chute du ministère Laffitte, et ce ne fut qu'à l'avènement du ministère Périer (13 mars) qu'il entra résolûment dans l'opposition et combattit la politique dite de *résistance...*

Comme je n'écris que des souvenirs intimes et personnels et que je n'ai la prétention, ni de raconter, ni surtout de *juger* les graves événements qui se sont succédé dans ces premières années si orageuses de la monarchie de Juillet, je reprends le récit de quelques détails inédits que j'ai pu connaître et que je puis aujourd'hui raconter sans inconvénient, puisque tous les acteurs sont morts.

En prenant possession de son nouveau poste de secrétaire de Carrel, Bernard entra complètement dans l'intimité du rédacteur en chef du *National*; pour travailler à son aise avec lui il partageait ses repas, il était enfin complètement de la maison, ce qui, avec son humeur *galante* et le charme dont il était doué, aurait pu n'être pas sans danger pour le ménage, s'il ne s'était présenté le *dérivatif* que voici :

Carrel avait pour ami intime un ancien camarade de Saint-Cyr, gentilhomme d'origine espagnole, du nom d'H..., dont la famillè avait été naturalisée française. D'H... avait servi dans un régiment de cavalerie commandé par le comte de V... et, dans cette situation, il avait fait comme Carrel dans son régiment d'infanterie, il était devenu l'amant de la femme de son colonel et cette liaison avait pris de telles proportions que Mme de V... s'était séparée de son mari et que d'H... avait donné sa démission. Ils vivaient donc maritalement depuis quelque temps déjà et la camaraderie d'école, l'analogie de situation, le rang social auquel les instincts aristocratiques de Carrel n'étaient pas indifférents, avaient bientôt créé une grande intimité entre les deux couples. D'H... et Mme de V... venaient souvent dîner chez Carrel; le jeune et nouveau commensal qu'ils y rencontrèrent se trouva là d'autant plus à propos que la discorde s'était introduite dans ce ménage d'aventure; d'H... était brutal, la comtesse était exigeante; bientôt les assiduités de Bernard furent agréées, l'ancien officier fut congédié et la comtesse entama une nouvelle liaison qui dura jusqu'à sa mort, c'est-à-dire plus de vingt ans. D'H... mourut de la poitrine quelques années après la rupture, mais personne ne se brouilla avec le ménage Carrel.

Lorsque je fus un peu plus familier avec Carrel qui, malgré son extrême politesse, m'imposait toujours beaucoup, je lui rappelai que la première fois que je l'avais vu c'était à la Cour de cassation, dans son procès au sujet du nouveau titre que le journal avait pris (*le National de 1834*) pour échapper à l'interdiction du compte rendu des débats judiciaires qui avait été prononcée par un jugement. C'était aussi la première fois que j'entendais le célèbre procureur général Dupin, qui donna des conclusions favorables au journal. Carrel présenta quelques observations avec beaucoup de tact et de mesure. Cependant il n'était pas content de lui. « Vous avez dû me trouver b... mauvais, me dit-il familièrement, c'était la première fois que je me trouvais à pareille fête et j'étais un peu intimidé en face de tous ces vieux magistrats en robe rouge. »

Dans le courant du mois de juillet 1836, j'eus avec Carrel une conversation qui me causa une vive impression et dont le souvenir me fut tristement rappelé quelques jours plus tard. Je me trouvais dans le bureau de rédaction, à l'entresol de la rue du Croissant, où était alors le *National*, avec Lhéritier, qui *faisait* le journal, — (ce qu'on appelle aujourd'hui secrétaire de la rédaction), — travail qui avait son importance et dont ont été chargés, pendant trente ans, Saint-Ange aux *Débats* et Boniface au *Constitutionnel*. Il était environ onze heures, je venais de terminer mon travail ; Carrel descendit de son cabinet qui était au-dessus de nous et où il travaillait habituellement seul, ou bien avec Thibaudeau ; il alluma son cigare et se mit à causer. La conversation prit bientôt la tournure d'un épanchement intime; il nous parla de ses travaux historiques qui le préoccupaient beaucoup et se plaignit amèrement du peu de temps que lui laissaient, pour des travaux aussi sérieux, les exigences du journal.

Nous l'encouragions, Lhéritier et moi, dans la mesure où nous pouvions le faire; mais il nous répliqua avec un accent de sombre découragement dont le souvenir me revint quelque temps après, à la suite de ce fatal duel qui lui coûta la vie : « Vous ne savez pas ce que c'est que d'avoir un pareil boulet au pied. » Cette disposition d'esprit, qui trahissait chez lui une grande lassitude du journalisme, ne fut peut-être pas étrangère à la façon si regrettable dont il risqua sa vie et que je vais raconter sur mes simples souvenirs, mais avec la certitude de ne pas me tromper.

V

A quelque temps de notre conversation, et à la même heure, le 19 juillet, Carrel descendant de son cabinet, nous trouva encore Lhéritier et moi, achevant notre besogne ; il alluma son cigare et allait se retirer, lorsque Lhéritier lui dit : « Monsieur Carrel, vous n'oubliez pas que vous avez promis à Capo de Feuillide de mettre quelques lignes dans le *National* à propos de son procès avec Girardin. » C'est vrai, répondit Carrel, et prenant un des feuillets blancs que j'avais laissés devant moi : comment écrivez-vous donc Capo? me dit-il. Je lui dis l'orthographe du nom, et il écrivit rapidement, et d'un seul jet, un article d'une trentaine de lignes qu'il envoya immédiatement à la composition.

Ainsi, c'était pour un homme dont il savait à peine le nom, pour un assez triste personnage, médiocrement considéré, mais par un sentiment de bonne camaraderie et peut-être aussi sous l'empire de l'antipathie que lui inspirait l'adversaire, qui venait de prendre une position militante dans la politique et cherchait à opérer une révolution dans la presse, que Carrel écrivit ces quelques lignes que, quatre jours après, il devait payer de sa vie.

Le lendemain du jour où cet article fut écrit, je tombai malade par suite d'un excès de travail et je n'avais pas encore pu quitter le lit lorsque, le 23, le *National* m'apporta la nouvelle de la rencontre qui avait eu lieu le matin entre Carrel et M. de Girardin, en donnant sur sa blessure des détails de nature à causer les plus légitimes alarmes.

Voici ce qui s'était passé et les détails que le pauvre Thibaudeau me donna quelques jours plus tard ; je tiens d'autant plus à les publier dans leur intégrité, qu'ils ne se trouvent qu'incomplètement dans le récit de M. Louis Blanc, le seul écrivain contemporain qui, dans son *Histoire de dix ans*, ait assez exactement raconté le duel qui coûta la vie à Carrel.

J'ai voulu rechercher dans la collection du *National* et de la *Presse* les deux articles qui ont amené la rencontre, et je crois qu'il ne sera pas sans intérêt de les reproduire textuellement.

L'article de Carrel, écrit dans les circonstances que je viens de rappeler, était ainsi conçu :

« M. Emile de Girardin, membre de la

Chambre des députés, est à la tête d'une Société qui croit avoir trouvé le moyen d'établir
un journal au prix de 40 francs par an, dé-
couverte heureuse et dont le pays profitera,
si M. de Girardin réussit dans cette entreprise. Mais, comme premier moyen de succès,
M. E. de Girardin a cru devoir publier des
prospectus dans lesquels il parle de journaux
qui existent depuis six, dix, quinze et vingt
ans, en termes que nous nous sommes con-
tentés de mépriser pour notre compte, mais
qu'un de nos confrères, le *Bon Sens,* a re-
levés dans une série de feuilletons fort piquants et dont le public s'est beaucoup
occupé. Le spirituel auteur de ces feuilletons, M. Capo de Feuillide, passe en revue
les combinaisons et les calculs dans la confi-
dence desquels on a été mis par les prospectus de M. de Girardin. M. Capo de
Feuillide trouve l'entreprise mauvaise : il
en a bien le droit, et il appuie son opinion de
considérations et de raisonnements qui ne
nous ont pas paru sortir des limites d'une
discussion permise. M. E. de Girardin pouvait répondre dans son journal : il a mieux
aimé considérer comme une diffamation
contre sa personne les doutes jetés sur l'exactitude de ses calculs ; il a attaqué le *Bon
Sens* et M. de Feuillide devant la police correctionnelle. Cette affaire sera jugée demain,

et M. de Girardin jouira du bénéfice des lois de septembre. La presse ne pourra pas rendre compte des débats de cette affaire ; nous en ferons connaître le résultat, qui ne nous paraît pas douteux, car rien ne ressemble moins à la diffamation, telle que nos lois la définissent, que la discussion soutenue par M. de Feuillide contre les assertions et les chiffres de M. de Girardin. »

Le lendemain du jour où parut cet article, le 21 juillet, la *Presse* y répondait de la façon suivante, comprenant dans sa réponse les journaux qui, comme le *National*, avaient attaqué la nouvelle entreprise de M. de Girardin, le *Temps* et le *Bon Sens* :

« ..... Le *National*, à l'occasion de ce procès, jette, ce matin, un blâme sévère sur M. de Girardin pour ne s'être pas de préférence servi de la voie de la *Presse*. Le reproche manque de la loyauté attribuée au caractère de M. Carrel. Assurément le reproche serait mérité si le *Bon Sens* s'en fût tenu à l'examen critique et sévère de la base économique sur laquelle la *Presse* est établie ; mais il n'en a pas été ainsi : les accusations les plus odieuses et les plus personnelles ont été accumulées contre M. de Girardin.

« C'est bien malgré nous, et parce qu'il ne nous est point possible de garder le silence,

que nous nous jetons sur le terrain où l'on
nous pousse ; mais enfin, si l'on persiste à le
vouloir, nous l'accepterons et nous publie-
rons ce que le *Bon Sens,* le *National* et le
Temps ont coûté à leurs actionnaires ; nous
ferons à notre tour les comptes de ces journaux, puisqu'ils prennent la peine de faire les
nôtres ; les renseignements sur ce point ne
nous manqueront pas plus que ceux qui
nous seraient nécessaires pour la biographie
de plusieurs rédacteurs de ces journaux, si
nous étions jamais contraints de la publier.
En ce cas même, nous promettrions encore
de nous en tenir à la stricte vérité des faits ;
nous n'aurions pas, nous, de faillites immi-
nentes à prédire ; il nous suffirait de faillites
consommées à relever au greffe du tribunal
de commerce. »

Le ton de ces deux articles était assurément un peu aigre, mais, à part le mot de
mépris dans l'article de Carrel et celui de
loyauté *attribuée,* etc. dans celui de M. de
Girardin, — et, dans ce temps-là, comme
aujourd'hui, la polémique courante, avec ses
vivacités, s'en permettait bien d'autres, — il
n'y avait réellement pas lieu à se couper la
gorge ; aucun homme sensé, quelque chatouilleux qu'il pût être sur le point d'honneur, n'aurait conseillé à Carrel d'envoyer
un cartel à M. de Girardin. La fin de l'article

de la *Presse* contenait, il est vrai, une allusion cruelle et trop transparente sur les *faillites consommées*; mais elle ne pouvait pas s'appliquer à Carrel qui n'avait jamais fait d'affaires; elle ne pouvait donc viser que Thibaudeau dont j'ai raconté le désastre industriel. Aussi l'on comprendra la douleur poignante que dut causer à l'ami de Carrel la suite de cet incident dont cependant il fut bien innocent.

Aussitôt qu'ils eurent connaissance de l'article de la *Presse*, dans la journée du 21, Carrel et Thibaudeau se rendirent ensemble chez M. de Girardin et eurent avec lui une conversation dans laquelle les choses se passèrent avec beaucoup de courtoisie de part et d'autre. On se quitta en termes qui devaient faire regarder l'affaire comme terminée; mais, soit dans la soirée, soit dans la matinée du lendemain (je ne sais plus au juste laquelle des deux, et la chose est sans importance) Carrel, obéissant à je ne sais quel sentiment, eut l'idée de retourner seul chez M. de Girardin. Que se passa-t-il dans ce tête-à-tête? Personne ne l'a jamais su au juste, et M. de Girardin, le seul survivant de ce triste drame, pourrait seul le dire. Toujours est-il qu'une rencontre devait avoir été arrêtée, car en quittant M. de Girardin, Carrel choisit immédiatement ses deux témoins, qui furent Persat et Ambert. Ce choix était aussi malheureux que possible et n'indiquait que trop clairement la résolution de Carrel de n'entendre à aucun arrangement.

Ambert, *le grand Ambert*, comme on l'appelait, était un fort bel homme, assez forte lame, ayant, comme quelques autres, la prétention d'être du *National*, mais n'y ayant, en réalité, jamais fait une *panse d'a* et se bornant à paraître dans les circonstances où il fallait faire une manifestation, ou bien payer de sa personne dans quelque collision politique, comme pour l'affaire de la duchesse de Berry. Maurice Persat était un ancien officier de l'Empire, mis en demi-solde par la Restauration; il eut une vie assez aventureuse et avait fait partie de ce fameux *bataillon de la Bidassoa*, commandé par l'italien Pacchiarotti et dans lequel Carrel avait eu la malheureuse inspiration d'entrer avec lui. De là l'origine de leur liaison, et lorsqu'en 1834, après quelques années passées en Algérie, Persat avait obtenu sa retraite de capitaine, Carrel le fit nommer gérant du *National*, poste qui n'exigeait guère d'autre capacité que celle de faire les mois de prison auxquels les gérants de quelques journaux étaient alors exposés. C'était un très brave homme, très dévoué à

Carrel dont nous disions qu'il était le *ma-meluk* ; il se serait volontiers fait tuer pour lui, mais il n'était guère propre à l'empêcher de se faire tuer lui-même dans la triste aventure où il s'était si malheureusement embarqué.

Il se produisit à cette occasion un incident assez curieux, et qui m'a été raconté par l'*auteur* lui-même. Grégoire, qui était alors imprimeur du *National*, et qui, comme tous ceux qui l'approchaient, était fort dévoué à Carrel, mis au courant des choses, croyant qu'il était très facile d'arranger honorablement cette affaire, si seulement il lui était possible de remplacer Persat comme témoin, était chez Carrel, le 23 au matin, avant six heures : la rencontre avait été fixée au bois de Vincennes pour sept heures ; Ambert devait s'y trouver de son côté et Carrel partir de chez lui avec Persat ; Grégoire, sans rien dire de ses projets à Carrel, envoya Persat acheter des cigares et aussitôt fit monter Carrel dans un tilbury attelé d'une jument anglaise d'une grande vitesse, qu'il dirigea lui-même à toutes jambes sur Vincennes. Persat, à son retour rue Grange-Batelière, ne trouva plus personne, on lui dit que Carrel venait de partir avec Grégoire ; aussitôt il court chercher un cabriolet de remise à deux roues, véhicule alors fort usité et assez rapide ; Persat donne cinq francs au cocher à la condition qu'il le conduira à fond de train à Vincennes, où il réussit à arriver presque en même temps que Carrel et Grégoire et à remplir son rôle de témoin... comme il le comprenait.

Il n'y avait plus rien à faire pour Grégoire dans cette situation, et cependant il est bien probable que, quoi qu'en aient dit ensuite les témoins de Carrel, s'ils eussent fait la moindre tentative auprès des témoins de M. de Girardin, qui étaient Lautour-Mézeray et Paillard de Villeneuve, rédacteur en chef de la *Gazette des Tribunaux*, ce dernier surtout très raisonnable et très pacifique, l'affaire aurait pu être très facilement et très honorablement arrangée. Mais le sort en était jeté, les armes furent chargées, les deux adversaires furent placés à quarante pas avec faculté de marcher chacun de dix pas et de tirer à volonté, mode beaucoup plus dangereux que le tir au commandement à distance ferme, qui se pratique plus volontiers aujourd'hui. Après avoir fait chacun quelques pas, les deux adversaires tirèrent presque en même temps ; M. de Girardin eut la cuisse traversée et Carrel fut atteint au bas-ventre...

La gravité de la blessure de Carrel ne permettant pas de le transporter à son domicile,

on le déposa chez un de ses anciens cama-
rades, qui passait alors l'été à Saint-Mandé
avec sa mère, Peyrat, ancien officier de la
garde royale, qui, lui aussi, avait eu plusieurs duels et avait conservé avec Carrel
d'amicales relations, bien qui'ls fussent dans
deux camps différents, car Peyrat était royaliste ardent.

Le fatal dénouement qui n'était que trop
prévu, et contre lequel tous les efforts de la
science furent impuissants, ne se fit pas
longtemps attendre, et, dans la nuit du 24,
Carrel succomba à une péritonite aiguë
déterminée par les graves lésions produites
par la balle qui avait déchiré les intestins.

Une particularité assez curieuse se présenta à propos des obsèques de Carrel.
L'irritation du parti avancé, — on ne savait
pas bien encore s'il fallait dire républicain
— la position récemment prise par son adversaire dans le camp opposé, les circonstances qui avaient précédé la funeste rencontre, tout cela faisait craindre une manifestation contre laquelle le gouvernement
voulait prendre des précautions par un
grand déploiement de forces. Saint-Mandé
avait alors pour maire un chef d'institution, homme de sens, très respecté de ses
administrés et très écouté dans les conseils
du gouvernement, car c'était un conserva-

teur résolu ; il alla trouver le ministre de l'intérieur, qui était alors M. de Montalivet, parvint, non sans peine, à le convaincre des inconvénients qu'offrirait la présence de la troupe, et répondit du maintien de l'ordre.

La façon dont les choses se passèrent donna pleinement raison au maire de Saint-Mandé. Le 25 juillet dans l'après-midi, un concours de dix mille personnes se pressait dans l'avenue du Bel-Air et conduisait, dans le plus grand ordre, au cimetière de Saint-Mandé, le cercueil de Carrel porté à bras par les ouvriers typographes du *National*. Toutes les notabilités du parti libéral assistaient à cette triste réunion ; on y remarquait surtout Châteaubriand, qui avait pour Carrel la plus haute estime, Béranger, qui s'était arraché à sa retraite de Fontainebleau, Laffitte, Arago, Cormenin, etc. Il est bien entendu que les deux anciens fondateurs du *National* avec Carrel, MM. Thiers et Mignet, brillèrent par leur absence ; il est vrai que M. Thiers était alors président du conseil.

Malgré mon état de souffrance et appuyé au bras de Bernard, je pus faire partie de ce cortège et rendre à l'homme qui m'avait inspiré une si vive et si respectueuse sympathie un dernier hommage. Deux discours furent

prononcés : l'un par Arnold Scheffer, ancien
gérant du *National*, l'autre par Martin Mail-
lefer, rédacteur du *Bon Sens*. Le pauvre
Thibaudeau voulut, lui aussi, prendre la
parole, mais à peine avait-il prononcé quelques mots que ses sanglots étouffèrent sa
voix, et il eut une défaillance. L'épreuve,
en effet, était au-dessus de ses forces, car les
circonstances qui lui étaient personnelles
dans ce triste drame étaient encore pour lui
un surcroît de douleur.

Je ne veux pas essayer sur cette noble figure de Carrel une étude rétrospective après
celle qui a été si bien faite en 1852 par
Sainte-Beuve, et je n'ai que peu de choses à
ajouter aux souvenirs intimes que j'ai cru
intéressant de publier. Je tiens, toutefois, à
rappeler que Sainte-Beuve citant un fragment d'un article très ému et très éloquent
que Carrel publiait dans le *National* au
mois de juin 1830, à propos du suicide de
Sautelet, qui fut, je crois, son premier gérant,
ajoute cette réflexion : « Hélas ! ce qu'il dit
là contre le suicide, ne pourrait-on pas, en
partie, le dire aussi contre le duel, qui n'est
souvent qu'une autre forme de suicide, comme
cela fut trop vrai de lui, qui écrit, et de son
cas suprême ? »

Oui, cela est vrai, et ce n'est pas seule-
lement au point de vue philosophique que la

réflexion de Sainte-Beuve peut être fondée ;
elle l'est surtout au point de vue réel, positif,
dans ce qui concerne le duel qui coûta la vie
à Carrel et qui, par les circonstances que
j'ai racontées dans leur détail, peut au
moins être regardé comme un demi-suicide.

Un souvenir encore qui me revient à l'esprit à propos de Carrel et qui peut aider à
apprécier son caractère : malgré ses trop légitimes griefs contre son ancien collaborateur, malgré surtout la suprême et bien
inique injure que le ministre lui avait faite
en provoquant son arrestation après l'attentat de Fieschi, il avait conservé un faible
pour M. Thiers. Ainsi, je me rappelle qu'un
jour, à la suite d'une séance où j'avais vivement admiré le grand talent de tribune de
M. Guizot, nous discutions la valeur relative de ces deux hommes dont la rivalité,
qui devint si vive dans la suite, commençait
à poindre. Je dis que je trouvais M. Guizot
plus *fort* que M. Thiers. — Oh! oui, ri-
posta Carrel d'un ton sarcastique, plus fort
en thème peut-être... C'est qu'à mon sens,
il y avait plusieurs points de contact entre
ces deux fondateurs du *National*, ils étaient
l'un et l'autre autoritaires et patriotes —
chauvins même, si l'on veut, — et Carrel
n'a jamais pardonné à M. Guizot son voyage
à Gand.

On s'est souvent demandé, et pour mon compte je me suis plusieurs fois fait cette question : quelle aurait été l'attitude de Carrel sous le second Empire, s'il eût vécu? Pas plus que sous Louis-Philippe on n'aurait pu le conquérir en lui donnant un régiment, et il est permis d'hésiter sur le parti qu'il aurait pris. Quant à moi, j'ai de la peine à croire qu'il fût resté *irréconciliable*.

En se laissant aller aux réflexions qui se présentent en foule à l'esprit à propos de ce que sont devenus, depuis la mort du plus éminent journaliste de l'époque que je viens de rappeler, quelques-uns des hommes dont le nom est associé à ces souvenirs, il serait vraiment permis de se laisser aller au fatalisme des Orientaux : « C'était écrit ».

Le modeste chef d'institution de Saint-Mandé devenant en 1848 commissaire de la République, grâce aux relations que lui avait values avec le *National* la mort de Carrel et malgré son très grand dévouement à M. Guizot, dont il sollicitait, en 1846, le privilège d'un théâtre populaire aux Champs-Elysées (lire à ce sujet les curieux détails publiés par Taschereau dans la *Revue rétrospective* de 1848) — ses deux fils mis ainsi en lumière et devenant deux des meilleurs préfets de l'Empire; — M. Thiers, le président du conseil, et M. de Montalivet,

le ministre de l'intérieur, au moment où les
obsèques de Carrel causaient au gouvernement de vives appréhensions, devenus, l'un
président de la République et l'autre un de
ses plus chauds appuis; — l'adversaire de
Carrel, chargé d'ans et de millions, et après
un grand nombre d'évolutions, devenant lui
aussi un des plus grands zélateurs de la forme
nouvelle... tout cela prouve-t-il que, suivant
la moralité de certains contes, « la vertu
trouve tôt au tard sa récompense » ou bien
que « tout arrive » dans notre pays, que la
logique y trouve ou n'y trouve pas son
compte ? — Choisissez. Pour moi je me
borne à reprendre mes souvenirs.

VI

Peu de temps après la mort de Carrel, le
National déménagea de cette vilaine rue du
Croissant, dont la malpropreté répugnait à
cet homme élégant qui, en outre, avait beaucoup de peine à y faire entrer ce cabriolet que
les purs lui ont quelquefois reproché et qu'il
aimait à conduire. Il s'installa dans le local
beaucoup plus convenable de la rue Le Pe-

letier, que Carrel avait choisi lui-même et dans lequel il lui tardait tant de transporter son journal.

Thibaudeau prit la rédaction en chef avec tout l'ancien personnel et la garda moins d'une année. Ce n'est pas seulement pour se donner tout entier à l'industrie naissante des chemins de fer, comme je le dirai bientôt avec plus de détail, que Thibaudeau quitta si promptement le *National*. Il y avait là des difficultés, des incompatibilités, dont la grande autorité de Carrel avait bien pu triompher, mais contre lesquels Thibaudeau devait nécessairement se briser; il fallait beaucoup compter avec les propriétaires du journal qui étaient principalement représentés par Thomas, ancien marchand de bois, esprit étroit, assez vulgaire, véritable culotte de peau du parti libéral — conspirateur de la Restauration; il était difficile à un raffiné comme Thibaudeau, démocrate d'occasion, d'accepter la suprématie d'un personnage qui lui était aussi antipathique, et le divorce se fit bientôt sans beaucoup de regrets de part ni d'autre.

La direction du *National* resta pendant quelque temps flottante et incertaine; Thomas n'avait ni assez de capacités ni assez d'autorité morale pour la conserver longtemps; quand, par hasard, il avait écrit un

entrefilet de dix lignes, il était dans tous ses
états, il allait lui-même en surveiller la composition, et le chef compositeur, Caillaux,
garçon fort intelligent, comme il s'en trouve
beaucoup parmi les ouvriers typographes,
disait alors plaisamment de lui : « Sa tête
fume ».

Il y avait bien de temps en temps auprès
de lui son associé dans le commerce de bois,
Bastide, — on les appelait quelquefois en
riant Bastide et Josion; mais Bastide ne
faisait que de rares apparitions au journal;
il passait pour s'occuper beaucoup plus de
ses affaires personnelles; peut-être étudiait-
il Wattel pour se préparer au ministère
des affaires étrangères, qu'il occupa en 1848.
Il fallait donc suppléer à cette insuffisance
et trouver quelqu'un qui fût à la hauteur de
la tâche.

On s'adressa à un médecin, le docteur
Trélat, qui avait, pendant assez longtemps,
honorablement exercé sa profession dans le
faubourg Saint-Marceau, pendant que son
confrère et ami Recurt l'exerçait dans le
faubourg Saint-Antoine. Comme lui également, il y avait fait de la politique, avait
cultivé les sociétés secrètes en attendant,
l'un et l'autre, que leur heure, qui n'était
pas encore arrivée, les portât à un ministère

où ils firent leur avènement simultané, mais
seulement en 1848.

Trélat s'était fait remarquer par un discours très violent et assez éloquent, prononcé
devant la cour des Pairs, dans le procès des
accusés d'avril, et il avait, pendant quelque
temps, rédigé avec un certain succès un
journal de province, le *Patriote du Puy-de-
Dôme*. Ce fut donc à ce médecin que l'on
eut recours pour relever le *National*, dont la
santé donnait des inquiétudes; mais l'on
s'aperçut bientôt que la tâche était trop
lourde pour ses épaules et l'on se décida à
faire appel à un homme qui pendant plusieurs années avait été à la tête d'un journal
beaucoup plus avancé que le *National*, la
Tribune, où il avait, par la violence de ses
articles, procuré bien des mois de prison à
un de mes anciens maîtres d'études, Ferdi-
nand Bascans, que j'ai retrouvé adjoint au
maire du premier arrondissement en 1848,
— et où il avait, dans plusieurs circonstances, accentué son désaccord avec Carrel dans
des termes assez vifs pour rendre imminent
un duel empêché par des amis communs.
C'était Armand Marrast.

Le choix était bon; Marrast était un esprit
très fin, un écrivain brillant et solide, comme
la plupart de ceux que l'Université a fournis
à la presse. Il avait été professeur de rhéto-

rique à vingt-deux ans; mais, comme beaucoup de ses collègues, il avait trouvé que
cette ingrate carrière ne menait pas assez
loin, et après une tentative infructueuse pour
entrer dans les bureaux d'un ministère, sous
M. de Martignac, il avait essayé du journalisme, obscurément d'abord, mais bientôt
avec éclat dans la *Tribune*, où son tempérament, bien plus, je le crois, que ses con-
victions, lui firent atteindre des hauteurs
qui devaient quelquefois lui donner le vertige.
Avec des formes différentes et beaucoup
moins de distinction extérieure, il complétait
très bien ce trio quelque peu aristocratique
dans la démocratie : Carrel, Thibaudeau et
Marrast. Son règne fut de beaucoup le plus
long et personne n'ignore la part importante
qu'une guerre acharnée de dix ans lui assura
dans la chute de la royauté de Juillet, guerre
impitoyable dont le dernier mot, sorti de sa
bouche dans la journée du 24 février, fut
celui-ci : « Il est trop tard ». Intelligence
d'élite, au demeurant, et qui, au milieu du
tohubohu de 1848 et du lamentable spectacle que donnèrent tant d'incapacités si ino-
pinément arrivées au pouvoir, se fit remarquer
par beaucoup de sens, de modération et surtout par la façon dont il dirigea les débats
de l'Assemblée constituante.

J'ai voulu compléter mes souvenirs sur le

National en consacrant ces quelques lignes aux successeurs de Carrel que j'ai peu connus, à l'exception de Thibaudeau, avec lequel je quittai le journal et dont je veux compléter l'histoire qui a tout l'air d'un roman.

Thibaudeau, malgré sa mésaventure industrielle de 1831, qui fut si cruellement rappelée par le fondateur de la *Presse*, tout en se livrant pour un temps aux travaux assez absorbants d'un rédacteur en chef de journal, songeait toujours aux affaires; il en avait le goût, je puis dire le génie, et espérait que la fortune, dont les faveurs ne lui étaient pas indifférentes, ne lui tiendrait pas toujours rigueur.

L'industrie des chemins de fer, si péniblement introduite en France, venait enfin d'y acquérir ses droits de nationalité, et grâce à l'énergique impulsion des frères Péreire, la petite ligne de Paris à Saint-Germain venait d'être inaugurée; Thibaudeau conçut l'idée de la prolonger jusqu'à Rouen; mais ce n'était pas chose aussi simple et aussi facile que cela le semble aujourd'hui. Le vent n'était pas encore à cette grande industrie; l'hostilité du gouvernement, dont le plus puissant et le plus persistant organe était M. Thiers, les hésitations du Parlement, où les discussions politiques, les rivalités de clocher, primaient l'intérêt général, la froideur enfin des capitalistes étaient des obstacles difficiles à surmonter. Thibaudeau conçut l'idée de s'adresser aux capitaux anglais qui, moins timides que les nôtres, avaient déjà opéré en Angleterre des travaux importants; ils fit plusieurs voyages à Londres, et grâce à sa parfaite connaissance du pays, aux excellentes relations qu'il s'y était faites et surtout à son ami Leader, qui était alors un des chefs du parti whig dans la Chambre des communes, il parvint à constituer une Compagnie pour l'exécution du chemin de Paris à Rouen, et après bien des difficultés avec l'Administration française, difficultés dont son habileté et son opiniâtreté triomphèrent, ce chemin fut exécuté sous la direction d'un habile ingénieur anglais, M. Locke. A l'inauguration de ce chemin, Thibaudeau reçut la croix de la Légion d'honneur des mains de M. le duc de Nemours. Un article cruel parut, à cette occasion. dans le *National*, dans lequel se trouvait une allusion au duel de 1836; mais les partis sont féroces et se refusent rarement ce genre de satisfaction.

Quelques années plus tard, l'industrie des chemins de fer, décidément acclimatée en France, prenait un grand essor, la Compagnie du Nord se formait sous la puissante impulsion de la maison de Rothschild dont le chef, qui faisait bien les choses, distribuait des actions *au pair* à un certain nombre de personnes dont l'influence avait pu être utile au succès de l'affaire, et parmi lesquelles Thibaudeau ne fut pas oublié. Ce fut à cette époque que, dans un dîner donné par Véron à ceux de ses amis qui avaient bénéficié de ces largesses dont il avait eu sa part, Thibaudeau, qui avait pris au lansquenet *une main* malheureuse, joua contre le comte Walewski un coup de 96,000 fr. qu'il gagna.

Malheureusement pour lui, Thibaudeau se laissa entraîner à un autre jeu beaucoup plus dangereux, celui de la Bourse; il n'y fut pas heureux, et au moment de la révolution de 1848 il était pour la seconde fois à peu près ruiné et réduit à son traitement de directeur, ou plutôt de secrétaire, suivant la formule anglaise, du chemin de fer de Rouen et ensuite du Havre. Mais l'avènement du prince Louis-Napoléon à la présidence de la République et, plus tard, à l'Empire, vint lui ouvrir de nouveaux horizons. Le prince, qui l'avait connu dans sa jeunesse, alors que le père de Thibaudeau était en exil, avait beaucoup de goût pour cet esprit brillant, très cultivé, fertile en ressources, et lui aurait certainement fait une position politique importante, si Thibaudeau n'eût pas préféré continuer les affaires. Mais il était de ceux que le chef de l'Etat consultait le plus volontiers sur les questions financières, et ce fut en grande partie à ses conseils et à son influence que fut dû *l'emprunt national,* substitué à ceux dont les gros banquiers avaient jusque-là obtenu le monopole.

La grosse affaire dans laquelle il fit sa troisième fortune fut le chemin de fer de Paris à Lyon, que ses premiers concessionnaires avaient été obligés d'abandonner après la révolution de Février, et qui fut ensuite concédé à M. Charles Laffitte, avec une part importante pour Thibaudeau, et c'est sous l'impulsion de ces deux hommes habiles que cette ligne est devenue l'excellente affaire que l'on sait.

La plus-value considérable promptement acquise par les actions que Thibaudeau avait eues au pair lui constitua rapidement une très belle fortune; ayant fait quelques années auparavant un mariage qui fut un long roman, mais dont la conclusion le rendit heureux, n'affichant point le luxe extérieur que pratiquaient volontiers alors les nouveaux enrichis, Thibaudeau consacrait surtout ses revenus à des acquisitions d'objets d'art et, sous la direction d'un homme de goût, M. Charles Blanc, il réunit une

belle collection de tableaux, de dessins, livres à figures, etc. En 1855 il fit l'acquisition d'une charmante propriété à quelques
lieues de Tours, le château des Touches, qui
appartient aujourd'hui au grand imprimeur
M. Mame; au mois de mai 1856, j'allai
passer quelques jours avec lui dans cette dé-
licieuse résidence; il nageait dans le bonheur, me faisait admirer ses travaux d'em-
bellissement; en le quittant je lui serrai la
main avec effusion et lui dis : « Mon cher
ami, c'est votre troisième fortune, si je
compte bien; sachez la conserver. — Oh! me
répondit-il, soyez tranquille, j'ai tout liquidé
et je ne fais plus aucune opération... » Au
mois de décembre suivant, il mourait complètement ruiné! Il avait subi, m'a dit depuis un ami commun, une perte de douze
cent mille francs, dans une seule Bourse,
par suite d'une opération sur le crédit mobilier, faite sur dépêche télégraphique envoyée
d'Evian.

Pour compléter ces souvenirs sur le personnel de l'ancien *National*, je ne dois pas
oublier de dire ce qu'est devenu Bernard,
dont la vie fut aussi un roman avec un triste
dénouement et offrant quelques ressem-
blances, proportions gardées, avec celui de
Thibaudeau.

Après la mort de Carrel et pendant quelques années, Bernard ne fit plus de journalisme qu'à bâtons rompus ; il avait recueilli un petit patrimoine qui lui donnait une certaine indépendance, et filait le parfait amour avec la comtesse de V... Mais, en matière pareille, rien n'est éternel, surtout avec une nature aussi inflammable que celle de l'ancien secrétaire de Carrel : une nouvelle liaison vint se greffer sur l'ancienne ; mais — prodige d'habileté — sans apporter, en apparence du moins, le moindre trouble dans la première, et, le dimanche, à ces réunions si élégantes et si recherchées des concerts du Conservatoire, on pouvait voir, dans une loge, ce disciple de Don Juan entre la noble comtesse et la jeune femme d'un autre monde, qu'il lui avait donnée comme amie.

Dans cette nouvelle situation et par des motifs que je ne veux pas préciser pour ne pas rendre trop transparent le voile dont il convient encore de couvrir certains détails, Bernard reprit la plume du journaliste et prit part à la rédaction du journal le *Siècle*, dont il devint bientôt le rédacteur en chef; mais la tâche était au-dessus de ses forces ; homme d'esprit et d'un travail facile, Bernard faisait à merveille un article de fantaisie, comme tous les journaux en admettent; mais il n'avait ni la consistance, ni la suite d'idées nécessaires pour bien diriger un journal,

même le *Siècle*, et, malgré la haute influence qui l'avait poussé à ce poste, il dut
le quitter au bout de quelques mois.

Mais, vers cette époque, il se présenta une
circonstance qui faillit lui ouvrir une autre
porte de la vie politique. La révolution de
Février venait d'éclater; Bernard à cette date,
était toujours... l'ami de la comtesse de V...,
il y a mieux : il passait tous les ans une
grande partie de l'été dans son château, et il
avait su faire accepter cette liaison par l'aus-
tère aristocratie de l'Anjou. De quel nom la
décorait-on ? Ma foi, je n'en sais rien au
juste; tout ce que je puis dire, c'est que
Bernard y jouissait d'une telle considération,
qu'aux élections de 1848, il fut agréé comme
candidat à l'Assemblée constituante — républicain modéré — même par le parti légitimiste; malheureusement pour lui, son influence ne s'étendait pas au delà de l'arrondissement de B..., où il obtint douze mille
voix; il ne fut pas nommé.

Peu d'années après cet échec politique,
qui fut bien près d'une victoire, la comtesse
mourut laissant une fortune de près de deux
millions dont il n'eût tenu qu'à Bernard
d'hériter; mais il ne voulut accepter qu'un legs,
assez convenable du reste, ce qui lui valut
la reconnaissance et les bonnes grâces d'une
famille qui, bien que l'une des plus riches

de France, ne fut pas fâchée de recueillir
un héritage sur le sort duquel elle avait pu
concevoir quelques alarmes.

A la tête d'un assez joli capital dans les
premières années de l'Empire et peu tenté de
rentrer dans la presse, qui n'offrait pas alors
des perpectives très séduisantes, Bernard fit
comme beaucoup d'autres, il se laissa tenter
par les spéculations financières, il devint un
des habitués les plus assidus de la *Corbeille*;
à un moment où tout le monde gagnait de
l'argent, où il se fit de si rapides et de si
grosses fortunes que quelques-uns ont su conserver, Bernard toucha de bien près au million; il entama alors un troisième *règne*; je
ne voudrais pas affirmer que ce fut celui de
Mme de Maintenon; il eut un salon. A Paris,
surtout quand on a appartenu à la presse, et
qu'on a de l'argent, il est facile d'avoir un salon fréquenté par des gens d'esprit à la condition de n'être pas trop difficile sur l'article
femmes.

Mais, pour Bernard comme pour beaucoup
d'autres, hélas! le moment de la déveine arriva et coïncida avec la décadence de la
caisse Mirès, qui était alors la providence de
bien des gens en détresse. Le décavage fut
complet et le pauvre Bernard, après avoir été
millionnaire, après avoir traversé de bien
rudes épreuves, est mort il y a trois ans, oc-

cupant à la direction de la presse un modeste
emploi que d'anciens amis lui avaient fait
obtenir pour l'empêcher de mourir de faim.

VII

Après ma sortie du *National*, je me remis
à mes *chères études* (le mot n'était pas encore inventé), avec une assiduité d'autant
plus nécessaire que j'avais un examen difficile à passer; mais il était écrit que je n'en
avais pas fini avec les travaux parlementaires.
J'étais depuis deux mois en disponibilité,
lorsqu'un de mes plus sympathiques collègues, Lavallée, qui *faisait la Chambre* pour
la *Quotidienne*, tomba malade et me pria
de le remplacer, ce que j'acceptai avec empressement.

Lavallée avait un frère aîné qui était un
des hommes les plus laborieux de la presse,
Joseph Lavallée, auteur d'un assez grand
nombre de romans-feuilletons, aujourd'hui
oubliés, comme le seront sans doute dans
quelques années la plupart de ceux qui dé-
corent aujourd'hui le rez-de-chaussée de
beaucoup de journaux; grand chasseur de-

vant Dieu, il était un des principaux rédacteurs du *Journal des Chasseurs*. Le frère
avait été pendant quelque temps secrétaire
du général Lamarque, ce qui ne l'avait pas
empêché d'être chargé du compte rendu
de la Chambre pour la *Quotidienne*, parce
que, comme je l'ai dit, l'identité d'opinions
n'était pas exigée pour ce travail spécial, que
le démocrate Flocon faisait au *Constitutionnel*, et le très conservateur Tardieu au *Courrier français*.

Au commencement de la session de 1837,
Lavallée mourut d'une phthisie laryngée et
l'on m'offrit sa succession. L'offre était ten-
tante : cinq cents francs par mois pour un
étudiant qui ne pouvait pas être en possession du diplôme tant désiré avant deux ans,
c'était un joli denier et j'acceptai avec empressement. La situation était d'autant plus
agréable qu'à la *Quotidienne*, on était beaucoup moins exigeant qu'au *National* pour
le travail qui m'était confié et pour lequel je
n'avais pas besoin de collaborateur.

Pourvu qu'on *soignât* les orateurs du
parti, on était très coulant pour tous les
autres et le compte rendu des débats parlementaires pouvait être abrégé à volonté. Il
est vrai que, si les députés du parti dont la
Quotidienne était alors le principal organe
étaient peu nombreux, ils prenaient une part

active aux discussions de la Chambre, et, si je les eusse crus, j'aurais eu recours aux *épreuves* du *Moniteur* toutes les fois qu'ils ouvraient la bouche; mais ce privilège n'était réservé qu'au chef du parti, au plus grand orateur qui ait illustré la tribune française depuis Mirabeau, à Berryer.

Après le travail que j'ai fait pendant plusieurs années et dans lequel j'ai pu apprécier en dilettante les orateurs distingués dont quelques-uns laisseront un souvenir impérissable, j'aurais volontiers cédé à la tentation d'essayer quelques portraits; mais cette œuvre a été si parfaitement accomplie dans un livre devenu classique, les *Orateurs* de Timon, que je resterai fidèle à mon titre et ne parlerai avec quelque détail que des journalistes.

Je veux cependant faire une courte exception pour cette grande et si brillante personnalité de Berryer qui a laissé à ses contemporains une si profonde impression et que la postérité ne connaîtra que bien imparfaitement. Berryer était en effet un grand orateur doublé d'un grand artiste, et il est aussi difficile de faire comprendre à ceux qui ne l'ont pas entendu l'effet que produisait cette voix incomparable, que de dire à ceux qui n'ont pas vu les *Italiens* il y a quarante ans ce qu'était Rubini.

Toutes les qualités physiques comme tous les dons de l'intelligence que l'on peut rêver pour constituer le grand orateur, Berryer les possédait au plus haut degré, et la voix surtout, ce merveilleux instrument qui, chez lui, était d'une telle richesse, avait un charme indéfinissable. Quand il occupait la tribune, si ce n'est pour les discussions *d'affaires*, comme la discussion du *Traité américain*, où il parla plus de quatre heures, il n'avait aucune note devant lui, et, bien que l'ordonnance de ces magnifiques discours dût être préparée à loisir, la forme était toujours improvisée. Détail curieux et bon à signaler : lorsque la plupart des orateurs, et surtout M. Thiers, passaient la nuit à corriger les *épreuves* de leurs discours au *Moniteur*, Berryer n'a jamais voulu en revoir une seule. Quand il descendait de la tribune après un de ses grands discours, il était dans l'état où se trouvait *Gladiateur* (pardon de la comparaison) après avoir triomphalement fourni sa carrière ; il était en nage, son valet de chambre devait le changer des pieds à la tête, il fallait l'enfermer avec soin dans sa voiture et ensuite le mettre au lit pendant quelque temps.

Il ne fallait pas songer à reproduire un pareil orateur autrement que par les ressources de la sténographie et, lorsqu'il avait parlé, mon travail se bornait à envoyer chercher au *Moniteur* les *épreuves* de son discours que je revoyais avec soin et dont j'accentuais les *mouvements* qui ne me semblaient pas suffisamment indiqués.

Ce privilège du *Moniteur*, toujours réservé à Berryer, était souvent sollicité et rarement obtenu par ses principaux lieutenants, qui étaient alors MM. de Laboulie, Béchard et du Gabé : le premier, homme de beaucoup d'esprit, qui avait occupé avec distinction un siège au parquet d'Aix, à la fin de la Restauration ; le second, homme laborieux et disert qui, après avoir tenu une place importante au barreau de Nîmes, était devenu avocat à la Cour de cassation ; le troisième enfin, qui, après avoir été pendant plusieurs années un des premiers dans le groupe légitimiste de la Chambre, termina misérablement sa carrière parlementaire en votant pour le ministère de M. Guizot et que tout le monde reconnut dans cette sanglante apostrophe que M. de Maleville lança un jour de la tribune : « Nous pourrions dire le tarif de certaines consciences ».

Dans ce groupe, je dois citer un député de Toulouse, non point comme orateur — il ne parlait guère que sur les questions touchant à l'armée — mais parce qu'il me rappelle un détail assez curieux, qui est un trait de mœurs contemporaines ; il s'agit du colonel Espinasse.

M. Espinasse avait été chef d'escadron dans la garde royale, ce qui lui donnait le rang de lieutenant-colonel, et faisait que, par courtoisie, on l'appelait le colonel Espinasse. Il était le fils d'un avocat de Toulouse qui avait conquis au barreau de cette ville une assez brillante renommée, et avait été, pendant longtemps, le rival du célèbre Romiguières. Il s'appelait Louis et signait ainsi son nom : L. Espinasse.

J'ai eu beaucoup de ses autographes entre les mains, car il ne manquait jamais de m'écrire, même lorsqu'il n'avait prononcé que quelques mots, pour me demander de prendre l'épreuve de *son discours* au *Moniteur*, ce dont je me dispensais le plus habituellement.

A la questure, en lisant le nom du colonel, on en fit un seul mot, Lespinasse, et, comme il siégeait à droite, on crut devoir y ajouter la particule ; il en fut de même au *Moniteur*, et le colonel ne réclama pas.

Mais la *Quotidienne*, bien qu'il s'agît d'un coreligionnaire, ne fut pas d'aussi facile composition. Le comte de Lostanges, gérant du journal, fut toujours intraitable à ce sujet, et me dit, la première fois que je voulus écrire le nom du colonel comme l'écrivait le

Moniteur : « Mais j'ai beaucoup connu son père, c'était un avocat distingué, il se nommait Espinasse... » Je ne résistai pas, et le nom du colonel resta invariablement écrit dans le moniteur du parti comme il devait régulièrement l'être.

J'ai voulu citer ces détails comme un échantillon assez curieux des transformations de noms qui se sont souvent produites, sans en excepter le monde parlementaire, dans notre pays *démocratique*. Je pourrais en citer beaucoup d'exemples, et la manie ne date pas d'hier : à la fin du dix-huitième siècle, à une époque où la noblesse n'était pas une simple affaire de gloriole, mais où elle conférait des privilèges, il était de mode dans la bourgeoisie d'ajouter un second nom au nom patronymique, sans que cela tirât à conséquence, et dans cette catégorie je pourrais nommer beaucoup de personnages qui ont marqué dans la période révolutionnaire, tels que : Roland de la Plâtière, Pétion de Villeneuve, Thuriot de la Rozière, etc. ; et le plus curieux de tous, Brissot, fils d'un pâtissier de Chartres, qui, né au village d'Ouarville, se faisait appeler Brissot de Warville, à l'anglaise.

Mais je laisse là cette digression et je reviens à la *Quotidienne* pour tracer la silhouette de ses principaux rédacteurs, au moment où j'y entrai.

VIII

Au premier rang, et avant tous les autres, il faut citer le fondateur, le vénérable Michaud, alors septuagénaire, ressemblant assez à Voltaire, au physique et même au *moral*, quoique rédacteur d'un journal monarchique et religieux ; mais, en cherchant bien, on aurait pu trouver dans les premiers essais de sa jeunesse quelques *péchés* qui rendaient la chose plus vraisemblable.

Cela ne l'empêcha pas de fonder, quelque temps après le 9 thermidor et de concert avec son frère, je crois, le journal *la Quotidienne* qui fut un des plus courageux organes de la réaction contre les excès de la révolution. A ce propos je dois rappeler un détail qui donne la mesure des écarts auxquels peuvent entraîner la passion politique et le *ferraillage* quotidien du journalisme, écarts auxquels les esprits les plus délicats et les hommes les plus aimables dans le commerce habituel ne sont pas toujours sûrs d'échapper.

C'est dans les premiers temps de l'existence de son journal que Michaud y plaçait,

tous les jours, cette cruelle apostrophe à l'a-
dresse de Marie-Joseph Chénier : « Caïn,
qu'as-tu fait de ton frère ? » Suard, l'ami de
Michaud, lui reprocha un jour cette injus-
tice en lui démontrant, comme la postérité
s'est chargée de le confirmer, combien toute
incrimination à ce sujet contre Marie-Joseph
était peu fondée, quelque regrettables du
reste que pussent être et son exaltation mo-
mentanée et ses dissentiments avec son frère
et la polémique à laquelle ils donnèrent lieu
et dans laquelle Marie-Joseph n'eut pas le
bon bout. Mais la démonstration victorieuse
de Suard ne parut pas émouvoir beaucoup
Michaud, qui se borna à répondre de son
air sarcastique : « C'est égal, c'est tout de
même un bon chat que nous lui avons jeté
dans les jambes ! »

A l'époque où je vis pour la première fois
ce vétéran de la presse, il habitait Passy, où
j'allai lui faire une visite; il voulut bien me
présenter à Mme Michaud, qui avait vingt-
cinq ans de moins que lui, et qui justifiait encore la réputation de jolie femme dont elle
avait joui; c'était la fille du banquier Vital-
Roux, qui — rapprochement bizarre — avait
été l'un des commanditaires de mon ami
Thibaudeau dans la verrerie de Choisy-le-
Roi. M. Michaud paraissait être pour elle...
un second père.

Cet excellent vieillard était du reste, malgré le triste état de sa santé, l'homme le plus charmant et du commerce le plus facile; on l'aimait beaucoup au journal et l'on regrettait qu'il ne pût y faire que de courtes apparitions; il avait l'humeur gaie et trouvait facilement le mot pour rire, *gaulois* même à l'occasion.

A côté de M. Michaud, et depuis longtemps, son principal collaborateur, était M. Laurentie, qui pendant plus d'un demi-siècle, a été l'un des hommes les plus éminents et les plus respectés de la presse française. J'étais heureux de retrouver à la *Quotidienne* cette personnalité très originale qui me rappelait des souvenirs de collège. En effet, M. Laurentie, qui était inspecteur général de l'Université sous la Restauration, vint deux fois au collège où je faisais mes études et où je fus interrogé par lui; je le fis sourire en lui rappelant cette circonstance et en lui disant combien il avait peu justifié l'espèce de terreur que nous inspirait son nom déjà mêlé aux luttes de la politique et dont la notoriété était parvenue jusqu'à nous.

Il était en effet impossible de trouver une nature plus affable, plus bienveillante que celle de M. Laurentie, et tel je l'avais vu lorsqu'il exerçait ses hautes fonctions universitaires, tel je le retrouvais à la rédaction de

la *Quotidienne*, toujours souriant, toujours
de bonne humeur, et — contraste singulier !
— cet homme si charmant dans ses rapports
officiels comme dans ses rapports privés, qui
dans son modeste intérieur, où j'ai été quelquefois admis, était un modèle comme époux
et comme père, cet homme dont le principal délassement, dans l'intervalle de travaux
importants et nombreux, était un violoncelle
dont il jouait très agréablement, cet homme,
la plume à la main, était un polémiste à
outrance, n'admettant pas les demi-tons et
faisant des charges à fond de train comme
Veuillot ou Cassagnac. C'est dans cette
gamme qu'on lui a souvent reproché d'avoir
écrit que la Saint-Barthélemy avait été
une rigueur salutaire; l'a-t-il réellement
écrit? Je n'en suis pas bien sûr, mais j'affirme
bien que, si c'eût été son opinion, il n'aurait
pas reculé devant l'expression.

Immédiatement après ces deux colonnes
de la *Quotidienne*, en 1838, on trouvait un
type assez curieux, comme il y en a habituellement un par journal et que l'on peut
appeler la *bonne à tout faire*. Il se nommait
Célestin Moreau, et par un hasard assez
singulier, en même temps que je retrouvais
à la *Quotidienne* mon ancien inspecteur
général, je retrouvais également dans la personne de Moreau un ancien camarade de

collège, mais que j'avais peu connu parce qu'il avait cinq ou six ans de plus que moi. Il était le gendre d'un homme assez connu, comme *mime* d'abord et comme organisateur de bibliothèques ensuite, Alexandre Vatte-mare ; il était lui-même un bibliophile assez distingué et a laissé un travail de recherches estimé des spécialistes sur les *Mazarinades,* ou pamphlets et brochures sur le cardinal Mazarin. Moreau venait tous les jours à la *Quotidienne,* à la même heure et avec la régularité d'un chef de bureau... régulier ; je crois bien qu'il mettait des manches de lustrine, et après avoir parcouru les journaux pour voir s'il y trouverait un sujet de polémique ou d'article quelconque, il se mettait à la besogne et faisait lentement, pénible-ment un article..... suffisant, à peu près comme le père Desloges au *National.*

Venait ensuite le vicomte de Blosseville, homme aimable et du meilleur monde ; et, à ce propos, il est bon de le dire, le bureau de rédaction de la *Quotidienne* était alors un véritable salon, les relations y étaient char-mantes, et longtemps après avoir quitté ce journal, j'ai été heureux de les cultiver et de les conserver.

M. de Blosseville était membre, un peu attardé, d'un *trio* de jeunes fonctionnaires qui, au commencement du règne de Louis-

Philippe, avaient quitté les fonctions publiques pour conserver leur indépendance et se lancer dans la vie politique; les deux autres avaient déjà, à cette époque, conquis une grande notoriété et étaient membres de la Chambre des députés : c'étaient MM. de Tocqueville et Gustave de Beaumont. M. de Blosseville était resté leur ami intime sans entrer dans la voie qu'ils avaient choisie; il était légitimiste, mais pas *intransigeant*; il faisait à la *Quotidienne* des articles que j'appellerais des *seconds-Paris*, sans beaucoup de relief, mais toujours convenables; ayant une grande indépendance de fortune, M. de Blosseville n'était à la *Quotidienne* qu'un rédacteur d'occasion, il pelotait en attendant partie; il cherchait sa voie qu'il ne trouva qu'une quinzaine d'années plus tard; il fut en effet un des légitimistes qui se rallièrent, avec désintéressement, il est bon de le dire, et il fut nommé député (candidat *agréé*) par le département de l'Eure; mais, aux élections de 1863, ayant fait partie de ce que l'on appelait le groupe des 91, qui avaient voté un amendement désagréable au gouvernement sur la question romaine, il fut abandonné et non réélu. M. de Blosseville était le frère du jeune officier de marine, hardi navigateur, qui périt en remplissant une mission dans les mers du Nord.

Dans ce groupe de rédacteurs politiques, il faut encore placer M. Poujoulat.

M. Poujoulat, devenu rédacteur en chef de l'*Union*, dans laquelle s'est transformée l'ancienne *Quotidienne*, était alors au second plan et n'avait guère de raison d'être que la protection très chaude de M. Michaud ; on n'admettait qu'en rechignant ses articles longs, lourds, diffus, qui devinrent beaucoup plus rares après la mort de son protecteur ; — mais il s'est rattrapé depuis.

Pour compléter ce personnel, je dois parler de quelques épaves militaires que la *Quotidienne*, comme les autres journaux du parti, avaient recueillies après la révolution de Juillet.

On comptait alors à la *Quotidienne* trois anciens officiers de la garde royale ou des gardes du corps, démissionnaires après 1830.

Le premier était le comte de Lostanges, gérant du journal, n'y ayant jamais — et pour cause — écrit une ligne, mais ayant fait et étant destiné à faire encore plusieurs mois de prison, toujours, je crois, pour des articles de M. Laurentie. Parfait gentilhomme et d'une tenue irréprochable, cet ancien capitaine de la garde royale représentait très dignement le plus important des journaux légitimistes ; il était fort bien de sa personne, ce qui lui valut, quelques années plus tard,

d'épouser une veuve à la tête d'une trentaine de mille livres de rente et lui permit
de quitter le poste un peu périlleux qu'il
occupa honorablement pendant un assez
grand nombre d'années.

En second lieu venait Jadin, frère aîné de
Godefroy Jadin, le peintre, et fils d'un musi-
cien de talent, ancien garde du corps, *faisant*
la Chambre des pairs pendant que je faisais
la Chambre des députés, co-auteur de quelques vaudevilles et donnant des articles
Variétés dans divers journaux; brave garçon,
d'un esprit vif et gai, malheureusement, plus
tard, un peu éteint par l'abus de l'absinthe
et autres alcooliques, comme le pauvre
Etienne Becquet.

Le troisième était un ancien officier de la
garde royale nommé de Vaugrigneuse; il
avait pour principale mission, à la *Quotidienne*, de traiter les questions militaires et
faisait presque tous les jours, à cette époque,
un article sur la guerre civile qui désolait
l'Espagne; il est bien entendu que ces
articles étaient toujours et exclusivement
favorables aux carlistes; mais il était, lui
aussi, trop familier avec l'absinthe et il avait
une difficulté particulière à trouver le
mot *propre* qu'il demandait toujours à
ses voisins.

Sous l'Empire il a quitté la presse légitimiste, où il n'a jamais fait grande figure, pour un poste de consul à New-York, que lui valut la protection du prince Napoléon dont il avait fait la connaissance lorsque celui-ci eut, sous le règne de Louis-Philippe, un duel avec M. de la Roche-Pouchin dont Vaugrigneuse avait été le témoin.

Le feuilleton de théâtres était confié à Théodore Muret pour les théâtres secondaires et à Merle pour les grands théâtres.

Le premier était un homme anguleux, sec et froid, mais au demeurant un galant homme, suffisamment lettré pour faire convenablement sa besogne, auteur lui-même de quelques pièces qui ont eu un certain succès et d'une *Histoire du Théâtre*, manquant d'originalité et de relief, mais dans laquelle on peut trouver d'utiles renseignements. Il avait épousé la fille de Vial, l'auteur dramatique, et est mort il y a quelques années. On lui avait donné, dans les théâtres, un singulier sobriquet, on l'appelait *la clé des lieux*, parce que, disait-on, avec son nez pointu en avant, son lorgnon et son air préoccupé et pressé, il avait toujours l'air de chercher cet instrument, et aussi parce qu'il le demandait régulièrement cinq minutes après être arrivé au théâtre.

Le feuilleton des grandes scènes était, comme je viens de le dire, confié à Merle,

que j'ai gardé pour la bonne bouche, car
c'est, dans le personnel de la *Quotidienne*,
l'homme avec lequel j'ai été le plus lié, et
cette liaison a duré jusqu'à sa mort. Merle
avait, à l'époque où je suis entré à la *Quotidienne*, bien près de soixante ans; mais
c'était encore, par l'esprit, la bonne humeur,
la bonne santé, un véritable jeune homme.
Très instruit des choses de théâtre, sans être
précisément un érudit, esprit judicieux, écrivain élégant, sans avoir la faconde de Jules
Janin ni le nerf de Rolle, il était, avec ses
deux collègues de ce temps-là, le critique
le plus lu et le plus autorisé, surtout pour ce
qui concernait le Théâtre-Français, le vieux
répertoire et la *tradition*.

Sa vie avait été très accidentée : provençal
transplanté à Paris comme Thiers, Mignet,
Méry, Roqueplan, il avait conservé un peu
d'accent, mais il avait très grand air, était
fort bel homme et affectionnait, comme quelques-uns de ses contemporains, un costume
élégant qu'on ne voit plus aujourd'hui,
l'habit bleu à boutons de métal, le gilet
jaune clair et le pantalon gris-perle; en ren-
contrant, le soir, au foyer de l'Opéra, cet
homme qui avait surtout vécu dans le monde
des théâtres, on l'aurait volontiers pris pour
un membre de la Chambre des lords.

Il avait fait partie de ce groupe de gais

vaudevillistes de la Restauration, à la tête
desquels on peut placer Désaugiers, et avait
collaboré à un grand nombre de pièces avec
Brazier et Dumersan. Vers 1820, il était
directeur du théâtre de la Porte-Saint-Martin,
où il gagna beaucoup d'argent. Malheureusement, comme cela est si facile dans le
monde des théâtres, comme l'ont fait plusieurs de ses collègues et notamment celui
de ses successeurs que l'on enterrait il y a
quelques jours *, il en dépensait encore plus
qu'il n'en gagnait et il quitta cette direction
avec des dettes et non avec des économies...
« Ah! me disait-il quelquefois, si j'avais seulement l'argent que m'ont coûté les huis-
siers! »

Ce fut pendant cette direction qu'il épousa
M⁽ᵐᵉ⁾ Dorval, et la chose vaut la peine d'être
racontée.

M⁽ᵐᵉ⁾ Dorval, veuve très jeune encore, était,
à la Porte-Saint-Martin, la pensionnaire de
Merle; elle y montra bientôt ces grandes
qualités dramatiques qui firent d'elle une
des illustrations de la scène française; sans
être jolie, elle avait beaucoup de charme;
une liaison s'établit entre elle et son directeur.
Merle avait déjà à cette époque, une certaine réputation comme écrivain royaliste et

* Marc Fournier.

bien pensant; le bruit de sa liaison irrégu-
lière avec sa pensionnaire arriva jusqu'aux
oreilles de Mme la Dauphine, qui était
rigoureuse sur ce chapitre, et qui en fut sur-
prise et affligée. Elle chargea un officier de
sa maison de la délicate mission de faire des
ouvertures à Merle et de lui exprimer la
satisfaction avec laquelle on verrait régulariser par un mariage une situation qui lui
semblait surtout regrettable chez un homme
animé d'aussi bons sentiments. Merle accueillit l'ambassadeur avec sa courtoisie habituelle
et, une fois le but de la mission exposé, il
s'empressa de lui donner l'assurance qu'il
serait fait comme Mme la Dauphine le désirait; en effet, peu de temps après cette démarche, Merle épousait Mme Dorval, qui conserva son nom... et sa liberté.

Ce fut plutôt une association, dans laquelle
chacun fit son apport, qu'un véritable
mariage avec les devoirs réciproques qu'il
impose; il faut le dire cependant, et ce dont
j'ai été plusieurs fois témoin me permet de
l'affirmer, si chacun conserva sa liberté, chacun, dans cette union à manches larges, riva-
lisa de bons procédés, d'invariable dévouement; dans cet intérieur que la gêne est
venue souvent visiter, Mme Dorval apporta
la plus grosse part, mais les petits soins de
son mari, aussi bien au foyer domestique que

dans la vie extérieure, dans les journaux, dans les théâtres, etc., ne lui firent jamais défaut; malheureusement, il y avait du *coulage* des deux côtés.

Pour donner une juste idée de la liberté que Merle laissait à sa femme et pour faire voir combien il était loin d'être un tyran jaloux, je veux citer un incident assez piquant et bien caractéristique.

Mme Dorval eut avec Alfred de Vigny une longue liaison qui ne fut pas exempte d'orages; Merle ne l'ignorait pas et n'y apportait aucun trouble. Un matin Merle écrivait son feuilleton de théâtre pour la *Quotidienne*, dans la chambre de sa femme, qui ne se levait jamais avant midi; de Vigny arriva pour faire une visite sans façon, dit en entrant bonjour à Merle qui continua son feuilleton, et s'assit auprès du lit de Mme Dorval. Bientôt la conversation, à laquelle Merle ne prêtait aucune attention, devint assez vive et Mme Dorval fit à de Vigny une scène de jalousie au sujet d'une visite compromettante qu'il avait faite la veille; de Vigny se défendait de son mieux, Mme Dorval insistait, le dialogue devenait orageux; alors Merle qui, jusquelà, n'avait rien dit et que cette conversation gênait dans son travail, dit à sa femme d'un ton impatienté, mais avec sa bonhomie habituelle : — Mais puisqu'il te dit qu'il n'y est pas allé !...

Hermione fut désarmée et l'orage fut apaisé.

La dernière fois que j'ai vu Merle, nous nous étions un peu perdus de vue depuis que j'étais marié, plus sérieusement que lui, et que je cultivais moins assidûment ce genre de relations; — c'était chez son gendre, M. L..., du théâtre du Palais-Royal. Mme Dorval était morte, Merle avait été atteint par la paralysie et avait été recueilli par ce jeune ménage où il avait trouvé les soins les plus affectueux et les plus dévoués; mais bientôt, probablement par délicatesse et pour ne pas lui être à charge, il le quitta pour aller passer quelques mois encore chez une sœur à lui, qui était dans l'aisance, et chez laquelle il mourut *avec tous les sirops néces-saires,* suivant la formule de Saint-Ange, du *Journal des Débats.*

Après avoir tracé l'esquisse des principaux rédacteurs de la *Quotidienne* en 1838, je dois encore citer deux noms qui, à des titres divers, y avaient leur importance : d'abord, Levinho, le caissier, israélite converti, qui avait eu pour marraine Mme la duchesse d'Angoulême, et qui devait peut-être à ces précédents les fonctions qui lui avaient été confiées dans le journal monarchique et religieux; c'était un homme aimable, obligeant et qui avait toujours dans sa caisse quelques louis au service des rédacteurs qui pouvaient avoir besoin d'une avance sur le mois courant.

Le second personnage était Bully, le garçon de bureau, — *Jean-Vincent Bully*, l'inventeur du fameux vinaigre de toilette, qui n'avait pas encore acquis l'immense réputation dont il jouit aujourd'hui. Bully était un type curieux et parfaitement placé à la *Quotidienne;* très assidu à son poste, c'était la première personne que l'on rencontrait lorsque l'on venait au journal, et il y rappelait à merveille, aussi bien par son costume que par ses allures, les bedeaux qui offrent de l'eau bénite à l'entrée des églises.

Au moment des journées de Juillet, Bully avait, dans la rue Saint-Honoré, près de la rue de Rohan, un petit magasin de parfumerie dans lequel, le dernier jour de combat, il fut heureux de donner asile à quelques soldats de la garde royale pour lesquels étaient toutes ses sympathies; les vainqueurs, qui les poursuivaient, firent irruption dans le magasin, le saccagèrent de fond en comble, et vidèrent complètement un tiroir où se trouvaient les fonds destinés aux échéances de la fin du mois. Le pauvre Bully fut ruiné du coup.

Quelque temps après, on lui offrit et il accepta avec empressement le modeste emploi de garçon de bureau à la *Quotidienne.* J'y fus un jour témoin d'un incident dont il fut je puis dire le *héros*, et qui peint l'homme tout entier. M. de Lostanges, qui était très soigné dans sa toilette et qui faisait une assez grande consommation de vinaigre de Bully, dit au garçon de bureau : « Mon cher Bully, vous devriez bien me donner la recette de votre vinaigre; je le préparerais moi-même et cela me coûterait moins cher que celui que me vend le parfumeur. — Oh! monsieur le comte, répondit Bully, c'est absolument impossible, j'ai vendu ma recette! »

Vers 1840, le pauvre Bully tomba malade, je le voyais toujours la figure enveloppée d'un mouchoir en mentonnière; je m'informai avec intérêt de ce qu'il avait... il était atteint d'un cancer à la mâchoire. Je lui demandai s'il avait consulté un médecin; il me répondit affirmativement et m'indiqua un nom que je ne connaissais pas; voyant que ce nom ne semblait pas m'inspirer une confiance absolue : — Oh! monsieur, s'empressa-t-il d'ajouter, *sept pièces de plain pied!*

Quelques mois plus tard, Bully mourait à l'hôpital. Le propriétaire de son vinaigre est plusieurs fois millionnaire.

IX

Dans le courant de l'année 1838, il survint dans la propriété de la *Quotidienne* un fait important. M. Michaud céda sa part à un grand personnage, et cet événement, qui produisit une assez vive émotion au journal, y amena bientôt un nouveau directeur : c'était M. le comte de Locmaria [1].

M. de Locmaria était un ancien lieutenant-colonel qui avait été sous-directeur du personnel au ministère de la guerre sous le général de Bourmont; il avait, bien entendu, quitté le service après la révolution de Juillet, et M. le duc de Lévis l'avait choisi pour être le professeur d'art militaire de son auguste élève. Ce gentilhomme breton était bien l'esprit le plus étroit, le plus *bouton de guêtre* qu'il fût possible de rencontrer, et il était difficile de faire un plus mauvais choix pour la direction du principal journal du parti. Il avait l'air de considérer la rédaction de la *Quotidienne* comme un régiment dont il

[1] Mort au mois de décembre 1881, à l'âge de 90 ans.

aurait été le colonel ; les rapports si faciles et si charmants avec MM. Michaud et Laurentie ne pouvaient être que très froids avec un homme aussi guindé que M. de Locmaria, qui avait toujours l'air d'un haut fonctionnaire donnant une audience.

Pour exercer et pour justifier son titre de directeur, il écrivait péniblement quelques petits articles de vingt-cinq à trente lignes, en général fort insignifiants, et les articles de M. Laurentie étaient les seuls, et encore à grand'peine, qui échappassent à ses prétentions de corriger et de modifier. Son premier soin, en arrivant à la *Quotidienne*, fut de réduire tous les traitements. Comme je n'avais pas échappé à la mesure, j'allai, à cette occasion, à Passy, faire une visite à M. Michaud, dont la santé s'affaiblissait tous les jours. « Que voulez-vous, me dit-il, en souriant malignement, avec ces gens-là il n'y a rien à faire qu'à se résigner. J'ai cependant voulu lui donner une petite leçon, voici à quel propos : vous savez que la *Quotidienne*, elle-même, a dû payer son tribut à la mode des romans-feuilletons ; nous donnions cinquante francs par feuilleton ; or, M. de Locmaria est venu me trouver pour m'annoncer triomphalement qu'il venait de faire un traité avec un pauvre diable d'écrivain nommé Carl Ledhuy, qui devait fournir des feuilletons à raison de vingt-cinq francs. — Eh bien ! vous avez fait une mauvaise affaire, me suis-je empressé de lui répondre, car si les feuilletons sont bons, vous faites perdre vingt-cinq francs à ce pauvre garçon, s'ils ne valent rien vous faites perdre vingt-cinq francs au journal. »

Depuis lors, M. Michaud resta étranger à la *Quotidienne* et un an plus tard, au mois d'octobre 1839, il succomba à une affection de poitrine dont il était atteint depuis longtemps et qui ne l'empêcha pas cependant d'atteindre sa soixante-douzième année.

Pour la seconde fois en trois années, j'assistai aux obsèques de mon rédacteur en chef. Mais cette fois, au lieu du tragique drame de Saint-Mandé, et, tout en payant à l'homme éminent que nous perdions le tribut de légitimes regrets que nous lui devions, il ne s'agissait plus que de se soumettre aux lois de la nature. L'affluence calme et recueillie fut, bien entendu, beaucoup moins nombreuse qu'à l'enterrement de Carrel ; on y vit la plupart des notabilités du parti royaliste, du monde des lettres et de la presse de toutes les opinions ; Chateaubriand fut un des premiers au rendez-vous ; il ne pouvait pas perdre cette occasion de rendre un dernier hommage à l'homme dont le dévoûment lui avait toujours été si fidèle et qui alla jusqu'à lui sacrifier la faveur royale; personne en effet n'avait perdu le souvenir de l'abnégation avec laquelle M. Michaud avait renoncé à ses fonctions de lecteur du roi, pour ne pas abandonner son illustre ami après son brusque renvoi du ministère.

C'était presque la première fois, et ce devait être la dernière, que je voyais Chateaubriand; aux obsèques de Carrel je ne l'avais vu que de loin; mais dans le salon de M. Michaud, je pus m'approcher de lui, l'entendre causer un instant avec la sobriété que comportait la circonstance et admirer sur ce corps toujours un peu frêle et très affaibli par l'âge la belle tête rappelant encore le portrait si connu que Girodet avait fait trente ans auparavant.

Peu de temps après la mort de M. Michaud, un nouveau personnage vint s'agréger à la *Quotidienne*, où il mit une somme assez importante; je n'oserais pas affirmer qu'au point de vue exclusivement financier ce fût une bonne affaire; mais, comme un avenir très prochain le démontra, il y avait là une arrière-pensée politique. Ce nouveau personnage était le duc de Valmy.

Par une heureuse compensation, le duc de Valmy était l'antipode de M. de Locmaria; autant l'un était sec et gourmé, autant l'autre était affable et charmant dans ses rapports.

Le duc de Valmy était le petit-fils du maréchal de l'Empire Kellermann, duc de Valmy, et le second fils du général Kellermann qui fut un des plus brillants généraux de cavalerie de la période impériale et qui, par une singulière fortune, dirigea à Marengo et à Waterloo, au commencement et à la fin, les deux principales charges de cavalerie de l'épopée napoléonienne. La mort récente du général avait mis son second fils en possession de son titre et de sa fortune, le fils aîné, qui était officier de cavalerie, étant mort des suites d'une chute de cheval.

Dans ces souvenirs intimes il me sera permis de dire comment le petit-fils du vainqueur de Valmy, le fils du général qui avait été disgracié par la Restauration pour avoir accepté la pairie pendant les Cent-Jours, et qui était l'un des membres les plus prononcés de l'opposition libérale dans la Chambre des pairs depuis qu'il y avait remplacé le maréchal son père, se trouvait alors dans les rangs du parti légitimiste. Avec le duc de Valmy il fallait souvent dire : « Cherchez la femme ».

Au moment de la révolution de Juillet, le jeune Kellermann était secrétaire de légation et son chef était le marquis de Caux. Le marquis fut révoqué par le nouveau gouvernement. Le jeune secrétaire resta pendant quelque temps encore à son poste; mais bientôt il donna sa démission et l'on dut croire que la femme de son ancien chef, qui avait sur lui beaucoup d'influence, ne fut pas étrangère à cette détermination. En effet, quelques années plus tard, le marquis de Caux étant mort, la marquise devint la duchesse de Valmy.

Une fois ses vaisseaux brûlés avec le gouvernement de Juillet et sa place prise dans le parti légitimiste, le duc de Valmy, qui, sans être un ambitieux, aimait la vie active et les émotions de la politique, songea à entrer à la Chambre; ce fut certainement en vue de se préparer une candidature qu'il prit un intérêt important dans la *Quotidienne* reconstituée. Bientôt, en effet, il fut nommé député par la ville de Toulouse, avec le colonel Espinasse, dont j'ai déjà parlé, et alla siéger sur les bancs de la droite. Il fit, en 1844, partie des *flétris* de Belgrave-Square.

Après ma sortie de la *Quotidienne* que je quittai en 1842 pour me livrer à des travaux d'une autre nature, et ceux-là définitifs, je conservai toujours avec le duc de Valmy des relations auxquelles j'attachais beaucoup de prix et qui, dans les dernières années de sa vie, devinrent très intimes. Je pourrais puiser dans nos longues conversations sur les hommes et sur les choses des souvenirs qui ne seraient certainement pas sans intérêt,

mais qui pourraient, à cette date où il y a
encore des survivants, être des indiscrétions;
je me bornerai à quelques détails anecdotiques
qui sont de nature à faire connaître l'homme
et qui ne me semblent point offrir d'inconvénient.

En 1850, le duc de Valmy, qui, après la
chute de la monarchie de Juillet, était resté
fidèle au parti légitimiste et avait été un
des principaux promoteurs de ce que l'on a
appelé *la fusion*, fut chargé, auprès d'un
auguste personnage, d'une mission qui, à son
grand regret, n'eut pas plus de succès que
celle qui devait être renouvelée vingt-trois
ans plus tard. Cet échec lui causa un grand
découragement et l'engagea à abandonner la
vie politique pour se livrer aux grandes
affaires qui prirent, au commencement de
l'Empire, un si rapide essor, et dans lesquelles
il se lança avec une fiévreuse activité. Comme
j'étais complètement étranger à ce genre
d'occupations, je le perdis de vue pendant
quelque temps. Cependant l'ayant rencontré
dans le courant de l'année 1853, je lui
témoignai mon étonnement de ce qu'il n'eût
pas été appelé à faire partie du Sénat, où son
nom l'appelait si naturellement. « — Mon
Dieu, me dit-il, l'Empereur m'a fait des
ouvertures à ce sujet; je l'ai remercié, en lui
donnant l'assurance que si mon faible con-

cours pouvait lui être utile dans une circonstance donnée, il lui était complètement acquis; mais, ajouta le duc, l'Empereur n'a pas besoin de moi au Sénat et, avec mes antécédents, si je me laissais faire sénateur, on ne manquerait pas de dire de moi ce que l'on a dit de P... et de L..., que je me vendais pour trente mille francs par an. »

Le duc de Valmy conserva donc, sans être directement mêlé à la politique, de très bons rapports avec l'Empereur, et je ne jurerais pas qu'il ne fut pas pour quelque chose dans la faveur dont jouissait à la Cour son beau-fils, le marquis de Caux. Quant à lui personnellement il ne s'occupa plus, comme je l'ai dit, que des grandes affaires. Les sociétés financières, les compagnies de chemins de fer, recherchaient alors beaucoup les grands noms et il occupa dans plusieurs une position importante. Malheureusement, sur ce terrain mouvant il y a des hauts et des bas, et il est bien difficile aux gens du monde qui sont atteints de cette passion sur le tard, d'éviter complètement les *faiseurs* et les accidents. C'est ce qui arriva au pauvre duc à l'époque de l'Exposition universelle de 1867.

On lui mit sur le dos une affaire de *Cercle international*, où ne devait pas figurer l'*accessoire* important qui n'a pas été oublié dans la création récente d'une institution du

même nom et dont l'insuccès lui coûta
plusieurs centaines de mille francs.

Le duc eut, dans ce temps-là, une autre
faiblesse, mais celle-là moins coûteuse. Sous
le prétexte qu'il avait publié plusieurs ouvrages, entre autres un gros volume intitulé
le Génie des peuples dans les arts, il se fit
recevoir, ayant pour parrains Alphonse
Royer et Charles Narrey, à la Société des
Gens de lettres. Il est bien entendu que
ce n'était qu'un membre *in partibus* et qu'il
n'y a jamais mis les pieds.

Un de nos plus fréquents sujets de conversation, à cette époque, dans nos réunions
intimes de l'hôtel de l'avenue Raphaël que
le duc avait fait construire sur ses dessins,
fut le mariage dont le « tout Paris » s'occupa
pendant plus d'un an et sur les oscillations
duquel j'étais régulièrement tenu au courant.
Le marquis de Caux, beau-fils du duc de
Valmy, avait conçu une grande passion pour
la *diva* célèbre qui régnait alors aux *Italiens,*
et aspirait à lui donner son nom ; mais cette
union, malgré les nombreux précédents qui
pouvaient la justifier, n'était pas du goût de
la duchesse qui y voyait une mésalliance. Le
duc au contraire qui, en matière pareille,
avait la manche beaucoup plus large et qui
ne détestait pas le monde des théâtres, accueil-
lait avec joie, sinon avec orgueil, la perspec-

tive d'avoir pour belle-fille une *étoile* de cette grandeur, ne songeant guère alors au sort que l'avenir réservait à cette union tant désirée.

La dernière fois que je vis le duc, au printemps de 1868, au moment où j'allais faire un long voyage, il me dit : « Le mariage est décidé, et je vous invite à dîner avec ma belle-fille, à votre retour. » Le mariage se fit en effet, au mois de juillet suivant, à Londres; mais notre programme ne put pas s'accomplir, car, deux mois plus tard, le pauvre duc était enlevé par une attaque d'apoplexie. Je sus à mon retour qu'on avait rappelé à ce propos les circonstances dans lesquelles était mort le maréchal de Lauriston sous la Restauration ; un journal bien intentionné avait dit que le maréchal était mort dans les bras de la religion, et les mauvaises langues avaient ajouté que la religion, c'était la belle danseuse Legallois. Mais, malgré quelques vraisemblances, et d'après ce que m'a affirmé Alphonse Royer, qui avait des raisons pour être bien informé, cette fois les mauvaises langues se sont trompées.

X

J'ai un peu dépassé les limites que je m'étais tracées en parlant d'un homme qui ne fut journaliste que quelque temps et par occasion, et je veux rentrer dans mon cadre en revenant aux *journalistes d'autrefois*.

Je pourrais parler assez longuement du personnel de deux journaux importants, les *Débats* et le *Constitutionnel;* mais après quelques articles qui ont paru dans le *Figaro* à ce sujet et dont je suis peut-être le seul à me souvenir, je ne veux pas me répéter. Je me bornerai donc à terminer cette étude rétrospective en parlant de deux hommes aujourd'hui un peu oubliés et qui ont autrefois joué dans la presse un rôle important, Jacques Coste et Lerminier.

Jacques Coste, qui était un type très réussi de Bordelais actif, intelligent et très entreprenant, fonda, dans les derniers temps de la Restauration, le journal le *Temps,* qui occupa bientôt un rang important dans la presse libérale et qui se signala particulièrement par son énergique résistance aux ordon-

nances de Juillet. Coste, bien plus homme
d'affaires que journaliste, écrivait peu dans
son journal, mais il s'en était réservé la
direction, comme les Bertin aux *Débats* et
plus tard le docteur Véron au *Constitutionnel*.
Bien que ce fût un homme fort habile, son
journal fut cependant toujours une mauvaise
affaire, et il n'y a aucune exagération à dire
qu'il coûta à ses actionnaires plusieurs millions. Mais Coste avait un talent merveilleux
pour leur démontrer qu'un nouveau sacrifice
était nécessaire, et je ne serais pas surpris
que Balzac eût un peu songé à lui en créant
son immortel type de *Mercadet*.

Les réceptions de Coste dans l'ancien hôtel
du général Bonaparte, rue de la Victoire,
furent pendant plusieurs années très recherchées, et tout ce qu'il y avait de distingué,
dans la politique, les lettres, la diplomatie,
passa par ses salons dont il faisait très bien
les honneurs, parfaitement secondé par Mme
Coste qui fut dans son temps une jolie femme.

Coste était un des hommes les plus *décorés*
de l'Europe. C'était du reste un homme
aimable et bienveillant, quoique d'un caractère très vif. Dans les premiers temps fort
agités de la monarchie de Juillet, il eut un
duel aussi oublié probablement que ceux de
Raspail et de Lerminier que j'ai racontés dans
le *Figaro*, et qui fit alors un certain bruit.

A la suite d'un article paru dans le *Temps*
et dont Coste n'était certainement pas l'auteur, au sujet de l'intervention d'un commissaire de police dans je ne sais quel mouvement de la rue, ce commissaire, nommé
Benoît, accompagné de son collègue, M. Ma-
rut de l'Ombre, se rendit dans les bureaux
du *Temps*, demanda le directeur auprès
duquel il fut introduit; à peine était-il en
face de Coste que sans aucune explication il
le frappa violemment au visage... Le lendemain, une rencontre eut lieu, et Coste lui
logea une balle dans la tête; vingt ans après
Coste, me racontant les circonstances de cette
affaire, me confia un détail que le public
ignora; au moment où il fut l'objet de cette
inqualifiable agression, il était en traitement
pour une des plus cruelles infirmités qui
affligent l'espèce masculine, traitement dans
lequel une *bougie* (pas de l'*Étoile*) jouait son
rôle; aussi, au moment de la voie de fait la
douleur fut-elle épouvantable et Coste faillit-
il se trouver mal. Il faut convenir que le
commissaire de police n'avait pas volé ce qui
lui arriva le lendemain.

En 1849, Coste, qui avait quitté le *Temps*
sans s'y être enrichi et qui était toujours à la
recherche des affaires, fit un traité avec le
prince de Monaco, qui était alors le prince
Florestan, traité qui n'avait rien de commun

avec celui qui fut conclu plus tard et n'avait
pour base que les *droits régaliens*, dont
Coste avait fait l'acquisition, et dont je lui
ai entendu développer les immenses avantages d'une façon très séduisante. Coste ne
réussit pas, mais, malgré son échec, il peut
être regardé comme le véritable fondateur
de la grande affaire qui plus tard, dans les
mains de M. Blanc, et par d'autres moyens
que les droits régaliens, eut un si brillant
succès.

Le second personnage dont je veux parler
est Lerminier, auquel j'ai déjà consacré un
souvenir l'an dernier, en racontant sous ce
titre : *Un duel ignoré*, le duel qu'il eut avec
un dramaturge du temps et dans lequel il se
conduisit vaillamment.

Les péripéties par lesquelles a passé Lerminier pendant les vingt années où il a
occupé un des premiers rangs dans la presse
française, seraient longues et quelquefois
difficiles à raconter; je ne veux en indiquer
que les principaux points.

Après avoir pris une part importante à la
rédaction de l'ancien *Globe*, dans les derniers
temps de la Restauration, et avoir figuré
dans l'état-major saint-simonien, Lerminier
fut nommé, en 1831, professeur de législation comparée au collège de France, chaire
créée pour lui par M. de Montalivet et

occupée aujourd'hui par M. Laboulaye. Il
faut avoir été étudiant à cette époque pour se
faire une idée du succès qu'eut cet enseignement, qui rappelait, s'il ne le dépassait,
celui qu'avaient eu, quelques années auparavant, les trois célèbres professeurs de la Sor-
bonne.

Mais ce n'était pas seulement par son
enseignement du collège de France que Lerminier avait si rapidement conquis sa grande
popularité; il occupait encore un des rangs
les plus importants dans la presse libérale,
soit au journal le *Bon Sens*, dont il fut
rédacteur en chef, soit à la *Revue des Deux-
Mondes*, dont il était un des collaborateurs
les plus actifs et où il tint pendant plusieurs
années le sceptre de la haute critique. A
l'apogée de sa réputation, en 1836, il fut,
sous le patronage de M. Odilon Barrot,
candidat de l'opposition à Strasbourg, sa ville
natale, mais il ne fut pas nommé.

A la suite de cet échec, auquel il fut très
sensible, Lerminier se retira de la presse
militante et ne conserva que son enseignement au collège de France et sa collaboration
à la *Revue des Deux-Mondes*. Il était dans
cette situation au commencement de l'hiver
de 1838 lorsqu'il fut invité aux réceptions
hebdomadaires de M. le comte Molé, alors
président du conseil. M. le comte Molé venait

d'entamer une œuvre qu'on appela les *conversions individuelles* et à laquelle les grâces et la distinction de son esprit le rendaient merveilleusement propre ; aussi y obtint-il de nombreux et rapides succès. Lerminier lui était naturellement désigné, et par la haute position qu'il occupait, et peut-être aussi par les dispositions d'esprit dans lesquelles il se trouvait placé depuis son échec électoral. A sa première apparition à l'hôtel des affaires étrangères, le président du conseil déploya auprès du publiciste toutes ses séductions, lui témoigna avec effusion tout le plaisir qu'il avait à le voir dans ses salons et lui demanda, sur un ton d'aimable reproche, pourquoi il n'avait pas son ruban à la boutonnière. — « Par l'excellente raison, répondit Lerminier, que je ne suis pas décoré. » Là-dessus étonnement, plus ou moins sincère, du ministre, qui se récrie sur ce qui ne peut être qu'un oubli qui sera promptement réparé. Quelques jours plus tard, la nomination de Lerminier dans la Légion d'honneur paraissait au *Moniteur*.

Quelque légitime que fût cette distinction accordée au publiciste éminent, au brillant professeur du collège de France, elle fut accueillie sur un ton aigre-doux par la presse de l'opposition. Mais ce fut bien autre chose lorsque, quelques mois plus tard, Lerminier,

qui avait été reçu en audience particulière
par le roi, fut nommé maître des requêtes en
service extraordinaire; ce fut un concert des
plus vives attaques parmi lesquelles fut surtout remarqué un article du *Courrier français*, attribué à Léon Faucher.

Lerminier, qui était un homme de premier
mouvement et d'un tempérament ardent,
releva le gant, et, dans un article de la
Revue des Deux-Mondes, qu'il publia malgré
les conseils de Buloz, répondit avec une
grande vivacité aux attaques dont il avait été
l'objet.

Jusque-là il n'y avait rien de bien extraordinaire, ni qui sortît des habitudes de la
presse, quelque vive qu'eût pu être la polémique. Mais voilà que tout d'un coup une
campagne sur un autre ton s'engage dans le
journal *le Charivari*; on ne se borne plus à
attaquer Lerminier dans sa vie publique, on
l'attaque dans sa vie privée, dans *ses mœurs*...
à ce point que, dans un article publié par ce
journal, se trouvait un jour un dialogue à la
Vadius et Trissotin, dans lequel l'interlocu-
teur de Lerminier lui jetait à la face cette
apostrophe : « Vous êtes un péd... un
pédant ! »

Les amis de Lerminier, qui connaissaient
la résolution qu'il avait montrée quelques
mois auparavant dans le duel dont j'ai parlé

et où quatre balles avaient été échangées à
vingt pas, s'étonnaient de la longanimité
avec laquelle il supportait ce dernier genre
d'attaques et en reçurent de fâcheuses impressions, tant et si bien que peu à peu le
vide se fit autour de lui. Le professeur qui,
pendant plusieurs années, avait été si vivement acclamé par ses élèves, fut conspué et
obligé de quitter cette chaire du collège de
France, qu'il avait occupée avec tant d'éclat.

Dix ans plus tard, M. de Falloux, arrivé
au ministère de l'instruction publique et
croyant que les troubles qui avaient eu lieu
au collège de France, à propos de Lerminier,
n'étaient qu'une de ces mutineries passagères
d'écoliers auxquelles n'échappent pas les
professeurs les plus éminents, et dont Rossi
et Sainte-Beuve furent eux aussi victimes,
voulut rétablir l'ancien professeur dans sa
chaire ; mais de nouvelles et violentes protestations eurent lieu, et, quelque oubliées que
dussent être les incriminations politiques de
1838, les allusions du *Charivari* ne l'étaient
pas, et ce fut à ce motif que l'on attribua la
cause du tumulte devant lequel Lerminier
dut se retirer pour la seconde fois.

A peu de temps de là Lerminier essaya de
rentrer dans la presse en créant un nouveau
recueil sous le titre des *Tablettes euro-
péennes;* mais cette tentative eut peu de

succès, et, en 1854, à peine âgé de cinquante ans, cet homme dont la vie dépassait de beaucoup la *grandeur et décadence* de César Birotteau, mourait obscurément à Paris.

ORIGINES DU « NATIONAL »

APPENDICE AUX « JOURNALISTES D'AUTREFOIS »

ES souvenirs sur le *National* sont tombés sous les yeux de M. Radou, l'ancien caissier de ce journal, que je ne croyais plus de ce monde, et m'ont valu le plaisir de le revoir après une quarantaine d'années d'interruption dans nos relations. M. Radou a bien voulu me donner, sur la fondation du *National* et sur le personnel de sa rédaction, des détails qui vont me fournir un utile *post-scriptum* au travail que j'ai récemment publié.

Il ne sera peut-être pas sans intérêt de connaître les origines d'un journal, qui, sous

deux directions différentes, a si puissamment
contribué à la chute de deux monarchies, et
d'être initié à quelques détails de sa rédaction
sur lesquels l'ancien caissier du *National* est
seul en mesure de fournir des renseignements
certains. M. Radou en effet, qui déjà avait
été utilement consulté par Sainte-Beuve, pour
l'étude qu'il a publiée sur Carrel, possède
une collection du *National*, depuis sa fondation jusqu'à la fin de 1836, dans laquelle
est écrit de sa main au bas de chaque article
le nom de son auteur, renseignement intéressant pour une époque ou la loi Tinguy sur
les signatures, aujourd'hui si peu observée,
n'existait pas encore.

Dès 1828, Armand Carrel songeait à créer
un nouveau journal politique d'une nuance
plus vive que le *Constitutionnel* et le *Courrier français* qui occupaient alors le premier
rang dans l'opposition libérale. Les travaux
littéraires auxquels il s'était livré depuis
quatre ans qu'il avait quitté la carrière militaire, deux volumes de *Résumés*, alors à la
mode, quelques articles péniblement admis
dans des *Revues* qui n'avaient pas beaucoup
de lecteurs, ne suffisaient ni à son activité,
ni à sa légitime ambition. Mais il avait, pour
atteindre son but, deux grosses difficultés à
vaincre : il lui fallait s'assurer le concours
de collaborateurs plus expérimentés que lui;

il fallait surtout trouver le capital nécessaire
à la fondation d'un grand journal.

Carrel était très lié avec un jeune libraire,
son condisciple et son compatriote, le brillant
Sautelet, qui, par les charmes de sa personne,
la grâce et la distinction de son esprit, s'était
assuré de nombreuses sympathies et était
particulièrement répandu dans le monde
politique. Sautelet mit son concours le plus
actif au service de l'idée de Carrel et s'en
ouvrit particulièrement auprès d'un jeune
journaliste qui, par la publication récente
d'une histoire de la *Révolution française,*
venait de conquérir une grande popularité et
qui, dans une collaboration déjà ancienne
au *Constitutionnel,* rencontrait des entraves
dont il était désireux et impatient de s'affranchir.

Sautelet allait souvent trouver, au restaurant des *Frères Provençaux,* où il dînait
habituellement, le journaliste en question,
leur compatriote, M. Adolphe Thiers. Ils s'y
livraient à de longues et intéressantes causeries dans lesquelles il était souvent question
de la fondation du nouveau journal ; enfin,
dans le courant de décembre 1829, les capitaux nécessaires furent réunis et le fonds
social fixé à quinze parts de vingt mille francs
chacune, dont douze seulement devaient être
versées, les trois autres étant réservées à titre

de privilège spécial, aux fondateurs de l'entreprise.

Le titre choisi fut le *National*, les trois
rédacteurs en chef devaient être MM. Thiers,
Mignet et Carrel ; le premier numéro parut
le 3 janvier 1830. Aux principaux collaborateurs que j'ai déjà cités, il faut ajouter les
noms de MM. Hippolyte Passy pour l'économie politique et financière, Chambolle
pour la politique, L. Peysse pour la critique
d'art et d'autres travaux scientifiques et
littéraires, Mérimée et J.-J. Ampère pour
des travaux purement littéraires.

Tout le monde sait la guerre ardente et
sans merci que le nouveau journal déclara
immédiatement au ministère Polignac, et il
est inutile de faire à ce sujet aucune citation.
Ce que je veux me borner à rappeler, ce sont
quelques détails de nature à édifier ceux qui
pourraient l'ignorer sur le rôle prépondérant
qu'y remplit M. Thiers ; ces détails auront
un intérêt particulier aujourd'hui qu'on
publie la collection des nombreux *discours*
prononcés pendant sa longue carrière par
l'homme politique à la fortune duquel la
position qu'il occupa dans la presse ne fut
pas indifférente.

En même temps qu'il se posait comme le
champion le plus ardent de la liberté, de ce
qu'on appelait alors les idées libérales, le

National prenait résolument parti dans la lutte littéraire qui venait de s'engager, pour les anciennes doctrines contre les nouvelles ; il était pour les *Classiques* contre les *Romantiques*. M. Thiers, qui, dans sa longue carrière de journaliste et d'homme politique, a touché à toutes les questions, voulut faire le premier feuilleton des théâtres dans le journal qu'il dirigeait, et avant que Rolle, qui était alors un des rédacteurs du *Figaro*, le *Figaro* de Bohain, en eût pris possession, il publiait dans le second numéro du *National* un long article sur une pièce nouvelle jouée à l'Odéon, *Une Fête de Néron*, par Soumet et Belmontet.

Dans cet article, où il est fort peu question de l'œuvre elle-même, et où les noms des deux acteurs qui jouaient les principaux rôles, Mlle Georges et Ligier, ne sont même pas prononcés, l'auteur fait une longue dissertation sur l'histoire romaine de ce temps-là et sur les ressources qu'elle pouvait offrir au théâtre, il malmène assez rudement les novateurs qui « regardant comme épuisées les combinaisons simples et vraies, se jettent dans l'atroce, se tourmentent pour produire des effets extraordinaires et s'attachent à la peinture des monstres, comme si les monstres étaient la nature. » Au reste, M. Thiers, s'il donnait ainsi le signal dans la guerre contre le romantisme, était bientôt suivi par ses collaborateurs, et, à quelque temps de là, en dehors du feuilleton des théâtres, Carrel publiait trois grands articles sur *Hernani* qu'il traitait très sévèrement.

Portant le principal poids de la polémique quotidienne, M. Thiers ne négligeait aucun des détails qui lui semblaient offrir de l'intérêt et qui concernaient les personnalités importantes du moment. Ainsi, un jour, il rend compte de la réception de Lamartine à l'Académie française; un autre, il fait un article très chaud à l'appui de la candidature de M. Guizot à Lisieux : « C'est, dit-il, un de ces esprits rares et précieux qui joignent à une théorie vaste un sentiment vrai des choses pratiques; c'est un des hommes qui entendent le mieux aujourd'hui cette monarchie représentative dans laquelle il faut nous enfermer ». Enfin, le 31 janvier, parlant de l'élection du Puy, où le candidat de M. de Polignac, Berryer, venait d'être nommé, M. Thiers écrit ceci : « Voilà M. Berryer nommé. Maintenant, ce point obtenu, il reste encore à en obtenir un, c'est que M. Berryer soit éloquent. Quelques plaidoyers, fort riches en invectives, ne sont pas encore une garantie d'éloquence politique. En vérité, si on ne devait avoir qu'un génie oratoire à la façon de M. de Courvoisier, ce qui est déjà beaucoup accorder à M. Berryer, il ne vaudrait pas la peine d'avoir tant travaillé ».

Mais c'est surtout dans la campagne qu'il entama contre l'expédition d'Alger et que, depuis le commencement jusqu'à la fin, il dirigea en personne, que M. Thiers déploya toute son activité et mit en œuvre toutes les ressources de son esprit, dont il fit souvent un meilleur emploi, mais que plus tard il employa encore à combattre les chemins de fer. Dès le 11 février, il écrivait : « De nouveaux détails sont parvenus à la connaissance du public sur la folle expédition qui occupe en ce moment le Conseil. L'expédition paraît arrêtée, sauf toutes les questions qui restent à résoudre, du 2 mars au mois de mai, époque à laquelle on pourra mettre à la voile... Les motifs raisonnables disparaissent de jour en jour ».

Du 9 avril au 7 mai, dans dix grands articles, où il passe en revue la constitution civile et politique de l'Algérie, l'histoire de sa conquête par les Turcs, les diverses expéditions qui ont été tentées contre ce nid de pirates et les difficultés qu'elles ont présentées, M. Thiers continue ses critiques et les termine par un examen des derniers préparatifs de l'expédition ; il entre dans une foule de détails techniques pour lesquels il eut toujours beaucoup de goût, blâme tout ce qui a été

fait, pour le matériel, le personnel, le luxe
des états-majors, les difficultés de la traversée
et du débarquement, etc., toutes choses pour
lesquelles, dit-il, il faudrait avoir Kléber ou
Bonaparte.

Malgré ces amères critiques, ces sinistres
prédictions, l'expédition a le succès que l'on
sait... Alors M. Thiers prend bravement son
parti et, sans être trop prodigue d'éloges, il
fait, dans les numéros du 20 et du 22 juillet,
deux longs articles sur... la colonisation de
l'Algérie.

Trois jours plus tard, les *ordonnances*
paraissaient; toute la rédaction du *National*
s'inscrivait en tête de la liste des quarante-
trois journalistes qui protestèrent. Il est vrai
qu'au moment du combat, M. Thiers alla
chercher une prudente retraite dans la vallée
de Montmorency. On sait le reste.

Un mot encore en terminant ce supplément
à l'histoire du *National*. Si son principal
fondateur a eu la longue et brillante existence
qui occupe une si grande place dans l'histoire
contemporaine, par un étrange et triste contraste, trois de ses collaborateurs ont eu une
fin lamentable et prématurée : Sautelet, le
premier gérant du *National*, s'est brulé la
cervelle, on n'a jamais su au juste pour quel
motif; Conseil, son successeur, s'est noyé, à
Rouen, dans une partie de natation avec

Carrel et M. Senard, aujourd'hui l'un des doyens de la Chambre, et le pauvre Carrel a trouvé la mort dans le fatal duel dont nous avons raconté les détails.

LES DUELS
PARLEMENTAIRES

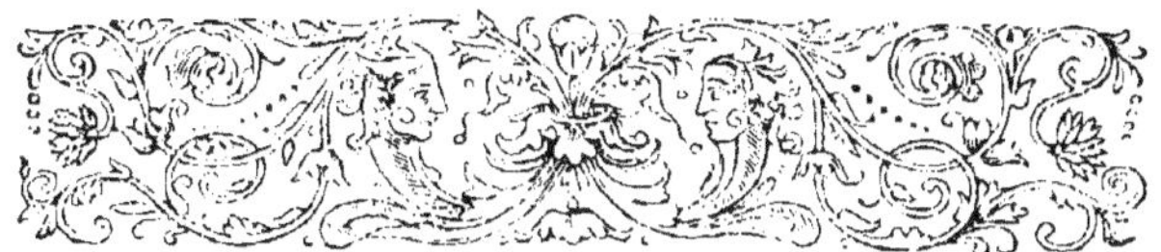

DUELS PARLEMENTAIRES

Les incidents qui se sont récemment produits dans le sein du Corps législatif, et qui ont failli amener un conflit extra-parlementaire entre quelques-uns de ses membres, soulèvent une des questions les plus controversées et qui, à toutes les époques de notre société moderne, ont le plus préoccupé les législateurs, la légitimité et la nécessité du duel.

On peut aujourd'hui, en toute liberté et sans imprudence, parler de cette question à propos d'un incident dont la conclusion pacifique paraît irrévocable et que du reste nous ne voulons pas apprécier[1]. Ce n'est pas non plus la question du duel, à son point de vue général et philosophique, que nous voulons traiter. Nous nous bornerons à rappeler qu'à toutes les époques de notre histoire, que la législation fût draconnienne, comme sous Richelieu, qu'elle fût plus douce et instituée sur une interprétation fort contestée, comme de notre temps, l'usage du duel n'a pu être déraciné, parce que, dans l'état de nos mœurs, c'est une nécessité sociale, une espèce de complément du Code pénal qui atteint, d'une façon incertaine sans doute, des méfaits contre lesquels la loi écrite est impuissante. Une des meilleures preuves, à l'appui de notre thèse, c'est que ceux qui font la loi ont toujours été les premiers à sacrifier au préjugé, si préjugé il y a, et il devait en être ainsi.

En effet, si la responsabilité des actes et des paroles, jusques et y compris les armes à la main, doit être particulièrement étroite pour quelqu'un, c'est pour les journalistes et les députés. C'est une garantie et un frein sans lesquels les écarts de la plume et de la parole dépasseraient trop souvent leurs limites naturelles. La presse, il faut lui rendre cette

---

[1] Une provocation avait été adressée par M. Granier de Cassagnac, père, à M. Émile Ollivier, qui l'avait refusée.

justice, a toujours pratiqué cette doctrine, et,
s'il y avait un reproche à lui faire, ce serait
d'y avoir sacrifié, dans ces derniers temps,
jusqu'à l'exagération.

Il en a été de même dans les assemblées
politiques depuis l'établissement du régime
parlementaire en France, et ce sont les nombreux précédents qu'elles nous fournissent
qu'il nous a paru bon de rappeler à propos
de discussions récentes et des orages qu'elles
ont amenés.

Sous l'Assemblée constituante, alors que
l'élégance des mœurs, le respect de soi-même
et de ses adversaires n'avaient pas encore
subi de profondes atteintes, alors qu'on était
encore chatouilleux sur le point d'honneur,
il y eut entre le marquis de Castries et Charles
de Lameth un duel à l'épée dans lequel ce
dernier fut blessé. A la suite de ce duel, les
passions populaires furent vivement surex-
citées, et l'hôtel de Castries, situé rue de
Varennes, fut complètement saccagé. Barnave
eut deux duels, l'un à l'épée avec le vicomte
de Noailles, l'autre au pistolet avec Cazalès
qu'il blessa dangereusement.

Dans les assemblées qui suivirent la Constituante, il n'y eut point de duels; mais
personne n'ignore que les discussions n'en
furent pas pour cela plus modérées. Jamais,
au contraire, la violence ne fut poussée aussi

loin, mais les mœurs avaient changé : on s'injuriait, on s'envoyait réciproquement à la guillotine, mais on ne se battait plus, et les choses en arrivèrent à ce point que, sous la Convention, le boucher Legendre, menaçant Lanjuinais de le frapper, celui-ci l'arrêta par cette spirituelle apostrophe :

— Avant de m'assommer, fais donc décréter que je suis un bœuf.

Lorsque les assemblées politiques reparurent en France, c'est-à-dire en 1814 — je ne compte pas celles du premier Empire, où les discussions n'étaient pas orageuses, — lorsque les partis s'y heurtèrent, que les passions politiques se livrèrent à leur libre développement, les duels reparurent. C'est ainsi que le général Foy se battit avec M. de Corday, le général Demarçay avec M. Josse de Beauvoir, le général Sémelé avec le général Lafond-Blaniac, Benjamin Constant avec M. de Forbin des Issarts.

Ce dernier duel présenta même quelques détails assez piquants. Benjamin Constant, à propos de je ne sais quelle question, avait vivement attaqué les gardes-du-corps. M. de Forbin des Issarts, qui était officier supérieur dans une des compagnies, se prétendit offensé et adressa une provocation au célèbre publiciste qui aurait pu très honorablement la décliner, son discours n'ayant rien eu de personnel pour M. de Forbin. Mais dans ce temps-là on ne l'entendait pas ainsi; Benjamin Constant accepta, et il fut convenu que le duel aurait lieu au pistolet, et que Benjamin Constant, qui était infirme et obligé de se servir de béquilles, tirerait assis.

Deux coups de feu ayant été échangés sans résultat, les choses en restèrent là, et témoins et combattants s'étant rapprochés pour échanger les politesses d'usage, « Messieurs, dit gaiement Benjamin Constant, pour cette fois j'ai accepté comme adversaire M. de Forbin, mais j'espère qu'à la prochaine occasion vous voudrez bien m'accorder M. Humbert de Sesmaisons. »

M. de Forbin était fort mince et M. de Sesmaisons excessivement gros. L'esprit et la bonne humeur, en France, ne perdent jamais leurs droits.

Dans les premières années du règne de Louis-Philippe, les discussions à la Chambre des députés furent très animées, allèrent souvent jusqu'à la violence et donnèrent lieu à plusieurs duels.

Le général Lamarque se battit avec le général Sébastiani, à la suite d'un discours dans lequel il avait appelé M. Lebeau, ministre des affaires étrangères du royaume belge, le Sébastini de la Belgique; M. Mauguin se battit avec M. Viennet pour je ne

sais plus quel motif; M. le colonel de Brique-
ville avec le marquis de Dalmatie, pour avoir
assez durement traité son père à propos de sa
conduite en Espagne.

Aucun de ces duels n'eut heureusement de
résultat grave, et quelques journaux du temps
n'avaient pas assez de quolibets pour l'inno-
cuité des *duels parlementaires*. Hélas!
bientôt ils n'eurent pas assez de larmes pour
un autre duel dont le résultat fut bien tragique, celui du général Bugeaud et du député
Dulong.

Le général Bugeaud, qui n'avait accepté
qu'à contre-cœur la mission de Blaye, rude
épreuve imposée à son dévouement, et qui
avait prouvé sous le premier Empire, comme
il prouva plus tard en Afrique, qu'il savait
en remplir d'autres plus dignes de son courage
et de sa haute capacité militaire; le général
Bugeaud (la correspondance du maréchal
Saint-Arnaud, qui était alors son aide-de-
camp, nous l'a révélé depuis), avait vivement
ressenti les attaques passionnées dont il avait
été l'objet à propos de cette mission de Blaye,
et il est bien permis de supposer qu'il n'attendait qu'une occasion pour en faire justice.

Cette occasion ne se présenta que trop tôt.
Dans une discussion où le général soutenait
la doctrine de l'obéissance passive dans l'armée, de vives protestations partirent du côté

de la gauche, et une interruption, comme il s'en produit trop souvent dans ces moments de tumulte et de passion, fut imprudemment lancée. « Faut-il, s'écria M. Dulong, que cela aille jusqu'à se faire geôlier, jusqu'à l'ignominie. » L'interruption se perdit au milieu du bruit, le *Moniteur* eut la prudence de ne pas la reproduire ; mais le lendemain elle était dans le *Journal des Débats*. Une rencontre était bien difficile à éviter ; pendant trois jours, de louables efforts furent faits dans ce but ; le rôle de témoin qu'accepta un général, camarade du général Bugeaud, mais aide-de-camp du roi, donna lieu à de fâcheuses suppositions, à d'injustes accusations ; enfin, après trois jours de négociations infructueuses, un duel au pistolet fut arrêté, et il coûta la vie à l'infortuné Dulong.

Un peu plus tard, un autre duel faillit avoir lieu entre deux des plus illustres membres de la Chambre : M. de Lamartine et M. Thiers, à propos de quelques mots un peu vifs. Des témoins furent désignés de part et d'autre, et l'affaire fut arrangée pacifiquement, mais non sans beaucoup de peine, après une séance de trois heures dans le cabinet de M. Sauzet, président de la Chambre.

Mais l'incident de cette nature le plus curieux fut certainement celui qui se produisit entre le maréchal Clausel et M. Dupin.

Aux réceptions officielles du 1er janvier 1837, après avoir porté au roi les vœux de la Chambre des députés dont il était le président, M. Dupin prononça, comme président de l'Institut, un second discours dans lequel, faisant allusion à nos conquêtes récentes en Afrique, il s'exprima ainsi :

« Une nouvelle carrière s'offre à nos archéologues, à nos érudits, émules ou vétérans de l'ancien Institut d'Egypte, sur cette terre d'Afrique livrée à leurs doctes explorations; dans ce pays, témoin jadis de la grandeur romaine, où l'on retrouve à chaque pas, dans des lieux aujourd'hui déserts, les ruines de cités autrefois puissantes, qui révèlent le génie de ce peuple roi des autres peuples, et nous montrent sa puissance jusque dans cette contrée où Rome, déjà devenue vénale, eut le malheur d'envoyer Calpurnius et de rencontrer Jugurtha! »

Relevées et commentées par la presse, ces paroles firent une certaine sensation et furent regardées dans le public comme une allusion à des accusations récemment dirigées contre le maréchal Clausel au sujet de sa conduite en Algérie. Quelque temps après le maréchal arriva à Paris, et son premier soin fut de mettre en demeure, par une lettre très nette et très ferme, M. le président Dupin de s'expliquer au sujet de ses allusions à Cal-

purnius et Jugurtha. M. Dupin crut s'en
tirer en adressant au maréchal une longue
lettre qui fut publiée dans le *Journal des
Débats*, et dans laquelle il se bornait à cons-
tater son droit de citer et d'interpréter l'histoire romaine. Le maréchal ne se contenta
pas de cette explication qui n'en était pas
une. Il mit, comme on dit, la *pointe au corps*
à M. Dupin, en le forçant à répondre caté-
goriquement à sa question. L'affaire fut
traitée suivant les règles du point d'honneur :
des témoins furent désignés, et, dans un
procès-verbal signé par MM. Odilon Barrot
et Mauguin pour le maréchal Clausel, Thiers
et Ganneron pour M. Dupin, procès-verbal
publié par tous les journaux, satisfaction
entière fut donnée à la légitime susceptibilité
du maréchal....

Quelques mois plus tard, à propos d'un
duel qui avait eu lieu à Tours et dans lequel
un des deux adversaires avait été tué, la cour
d'Orléans ayant jugé que le duel n'était pas
puni par la loi, la cour de cassation fut saisie
de l'affaire. M. Dupin, portant la parole
comme procureur général, soutint cette doctrine que : le duel rentre dans les prévisions
de l'art. 295 du Code pénal relatif au meurtre.
Adoptée par la chambre criminelle de la cour
de cassation, cette doctrine, qui se produisait
pour la première fois, fut repoussée par plu-

sieurs cours royales et définitivement adoptée par la cour de cassation, toutes chambres réunies ; elle fit donc désormais jurisprudence et porte le nom de son promoteur : c'est la jurisprudence Dupin.

On s'est toujours permis de supposer que l'incident du maréchal Clausel et les émotions qu'il avait pu procurer à l'illustre président n'étaient pas étrangères à l'événement.

Dans les Assemblées républicaines qui suivirent la révolution de Février, quelques séances rappelèrent bien les mauvais jours de la Convention ; on s'injuriait, on se montrait le poing, et un jour, dans un des couloirs de la chambre, un violent pugilat eut lieu entre deux pontifes de la démocratie la plus vive, MM. Félix Pyat et Proudhon. Cependant il y eut plusieurs duels, notamment entre MM. Goudchaux, ancien ministre des finances, et le général Baraguey d'Hilliers, entre MM. de Coislin et Testelin, entre MM. Bérard et Brives, entre MM. Ledru-Rollin et Denjoy, enfin entre MM. Thiers et Bixio.

Ce dernier duel eut lieu dans des circonstances assez curieuses, et qui prouvent que dans ce temps-là les scrupules, pour aller sur le pré, étaient moins grands qu'ils le paraissent aujourd'hui.

M. Mathieu (de la Drôme) était à la tribune, et citant le changement de langage et de conduite de quelques hommes politiques, il rappela que M. Thiers avait dit que l'élection du prince Louis-Napoléon, comme président de la République, serait une honte pour la France. M. Thiers protesta vivement de son banc, et déclara que c'était faux. Ce fut alors que M. Bixio, qui siégeait sur un banc de la gauche très rapproché de la tribune, ne put maîtriser un mouvement spontané et dit, de façon à n'être entendu que de ses voisins : « C'est un peu fort, il l'a dit devant moi ».

M. Mathieu (de la Drôme), qui entendit ces paroles, eut l'imprudence de les relever et de dire : « Entre M. Thiers qui nie et M. Bixio qui affirme, l'assemblée choisira ».

Immédiatement M. Thiers envoya deux témoins à M. Bixio, qui choisit les siens, et après quelques mots d'explication, on partit pour le bois de Boulogne, où deux coups de pistolet furent échangés, heureusement sans résultat.

On ne sera pas surpris qu'à la Chambre des Pairs et au Sénat, où l'âge des membres qui composent ces graves assemblées doit avoir un peu refroidi les passions, il n'y ait pas eu de duels. Cependant il ne s'en est pas fallu de beaucoup, et je me rappelle que, sous Louis-Philippe, un duel fut très près d'avoir lieu entre le marquis de Boissy et le général Colbert, tous deux membres de la

Chambre des Pairs; M. de Montalembert était l'un des témoins, et l'affaire fut assez difficilement arrangée.

Je ne parle que pour mémoire de la provocation qui fut adressée l'an dernier à M. Sainte-Beuve par un de ses collègues du Sénat, et que le spirituel académicien eut le bon goût, comme le public, de ne pas prendre au sérieux.

De tous ces précédents, où se trouvent mêlés les noms les plus illustres de nos assemblées politiques, et que j'ai cru utile de rappeler à propos de ce qui s'est récemment passé au Corps législatif, il faut tirer cette conclusion : que toutes les fois qu'au milieu des passions politiques, le sentiment des convenances et du respect que l'on se doit entre collègues ne sera pas suffisant pour empêcher certaines incartades, le duel pourra devenir une nécessité dont il n'est honorablement permis à personne de s'affranchir sous prétexte d'inviolabilité et de conscience.

P.-S. Depuis la publication de cet article les duels parlementaires ont continué et ont même été plus fréquents sous la République que sous la Monarchie; nous citerons entre autres les duels de M. de Fourtou avec

M. Gambetta, de M. Robert Mitchel avec
M. Alain-Targé, de M. Paul de Cassagnac
avec MM. Andrieux et Thomson, de M. de
La Rochette avec M. Laisant ; dans ce dernier
seulement, l'un des deux adversaires, M. de
La Rochette, fut assez gravement blessé.
Nous devons aussi faire remarquer que, si,
en Angleterre, les duels sont devenus fort
rares dans toutes les classes de la société, il
n'en fut pas toujours ainsi ; l'Angleterre a eu
aussi ses *duels parlementaires :* il y a une
soixantaine d'années, Canning se battait avec
Castelreagh et le duc de Wellington avec lord
Winchelsea.

LES PRÉSIDENTS

DE LA

CHAMBRE DES DÉPUTÉS

LES PRÉSIDENTS

DE LA

CHAMBRE DES DÉPUTÉS

(Paris-Journal. — Mars 1876.)

LA nouvelle Chambre vient de nommer son président. C'est l'honorable M. Grévy, déjà président provisoire, qui semblait naturellement désigné au choix de ses collègues et plus logiquement cette fois qu'en 1871. En effet, si, lorsque l'Assemblée nationale se réunit à Bordeaux, elle confia presqu'à l'unanimité la présidence à M. Grévy, qui n'appartenait pas à la majorité; si, l'année suivante, elle le confirma dans ces hautes fonctions, ce fut un tribut d'estime qu'elle voulut payer à son caractère et surtout à la conduite si digne d'éloges qu'il tint dans la journée néfaste du 4 septembre, et qui contrasta si honorablement avec celle de ses coreligionnaires politiques.

Il ne sera peut-être pas sans intérêt de jeter, à ce propos, un coup d'œil rétrospectif sur le rôle de la présidence, depuis la création des institutions parlementaires en France. C'est surtout aux présidents de la Chambre des députés que nous consacrerons cette étude.

Ce n'est guère qu'à partir de 1815, c'est-à-dire depuis l'institution sérieuse du gouvernement parlementaire dans notre pays, que la présidence de la Chambre des députés acquit une grande importance.

Dans toutes les Assemblées qui se réunirent à partir de 89, le président était renouvelé tous les quinze jours, ce qui permettait de satisfaire bien des convoitises, de se plier à beaucoup de ces exigences de parti avec lesquelles il faut savoir compter quand les Assemblées gouvernent, mais ce qui ne rendait pas de grands services à la bonne direction des débats.

Toutefois, à côté de beaucoup de noms obscurs, on trouve, parmi les présidents de la période révolutionnaire, la plupart des orateurs qui y ont joué un rôle important, à l'exception de Mirabeau qui, malgré son ardent désir, ne put pas arriver à la présidence de l'Assemblée constituante.

Le Corps législatif joua un rôle tellement effacé pendant la période impériale que son président n'avait pas une bien grande importance.

Cependant l'homme distingué qui occupa ce poste à l'époque la plus brillante de l'Empire, M. de Fontanes, sut y acquérir une certaine célébrité par les discours qu'il prononça dans des circonstances solennelles, et où il avait le don de célébrer avec autant d'habileté que d'éloquence, en y associant le corps qu'il représentait, les hauts faits du chef de l'État.

Mais, comme nous l'avons déjà dit, c'est de la Restauration que date l'importance des fonctions de président de la Chambre des députés. Deux personnalités d'une grande valeur occupèrent le fauteuil au commencement et à la fin de cette période : M. Laîné et M. Royer-Collard ; mais ni l'un ni l'autre n'y restèrent longtemps.

Le premier, orateur d'une éloquence communicative, merveilleusement propre par son esprit éclairé, libéral et profondément dévoué aux Bourbons, à acclimater en France la monarchie constitutionnelle, mais dont la nature nerveuse et la santé délicate ne lui permettaient pas de subir longtemps les rudes épreuves d'orageux débats à diriger.

Le second, d'une nature toute différente,

touchant de très près à la nuance politique de M. Laîné, ayant toute l'autorité morale nécessaire pour être à la tête d'un grand corps politique, mais à sa place surtout dans les circonstances solennelles et dans les séances calmes ; trop âgé déjà et n'ayant pas assez de voix pour diriger les séances tumultueuses du moment, mais dont l'organe grave et imposant convenait merveilleusement à la lecture de ce solennel et impuissant avertissement qui s'appelait l'adresse des 221.

Le président qui occupa le plus longtemps et avec le plus d'éclat le fauteuil de la présidence pendant la durée de la Restauration, fut M. Ravez. Doué de toutes les qualités nécessaires à ces difficiles fonctions, unissant à une belle prestance, à une voix sonore, une grande courtoisie, un esprit très délié et une profonde connaissance des affaires, M. Ravez dirigeait à merveille les discussions les plus ardues et savait dominer les orages parlementaires ; c'était le président modèle, et ce ne fut pas sans regret que ses collègues le sacrifièrent aux exigences de la politique, et lui firent partager la disgrâce des hommes à la fortune desquels il s'était trop intimement lié.

Le membre de la Chambre des députés qui occupa le premier le fauteuil de la présidence, sous la monarchie de Juillet, fut

Casimir Périer, qui n'y resta que peu de temps et dont les grandes qualités d'intelligence et de caractère trouvèrent un meilleur emploi à la tête du ministère. Il fut remplacé au fauteuil par M. Girod (de l'Ain), qui n'était pas à la hauteur de la situation et dut céder la place, au commencement de la session suivante, à M. Dupin aîné.

M. Dupin a été sans contredit le président le plus éminent qui ait été à la tête d'une Assemblée depuis la création du régime parlementaire en France. Esprit prompt, vif à la répartie, sachant à merveille tous les précédents de la jurisprudence, personne n'a jamais mieux que lui dirigé une discussion, débrouillé les amendements, indiqué l'ordre logique de la délibération, fait la clarté là où il n'y avait qu'obscurité ; mais surtout personne n'a jamais aussi bien *tenu la classe*.

Toutefois l'illustre président, célèbre par ses coups de boutoir auxquels personne n'échappait, pas plus les ministres que les simples députés, poussait un peu trop loin le goût de l'épigramme. « Non pas que M. Dupin, a dit Timon, soit méchant, mais il oublie quelquefois qu'il préside, et quand un bon mot le démange, il faut qu'il se gratte. »

Les bons mots de M. Dupin sont restés

célèbres ; c'est surtout contre les députés ennuyeux, qui abusaient de la tribune par le discours écrit, que sa verve aimait à s'exercer. Nous pouvons en citer un exemple assez plaisant :

Un jour, un député du centre, assez coutumier du fait, M. Abraham Dubois, occupait depuis près d'une heure la tribune, au milieu de l'inattention de la Chambre ; le volumineux manuscrit qu'il lisait était à peine à la moitié, les murmures d'impatience couvraient sa voix ; ce que voyant, le facétieux président lui dit à mi-voix et à plusieurs reprises ces mots bibliques : « Abraham, le temps du sacrifice est arrivé !... » Le malencontreux orateur se résigna et quitta la tribune.

Tant que la verve de M. Dupin ne s'exerça que d'une façon aussi innocente, il eut les rieurs de son côté ; mais un jour et dans une circonstance solennelle son humeur frondeuse l'entraîna beaucoup trop loin, et peu s'en fallut qu'il ne fût obligé d'aller sur le terrain avec un maréchal de France.

Nous avons raconté avec détail cet incident dans l'article sur les *Duels parlementaires;* nous n'y reviendrons pas.

Après la chute du ministère Molé et l'avènement au pouvoir du centre gauche, M. Dupin fut remplacé au fauteuil par

M. Hippolyte Passy, qui n'y resta que quelques jours, et, appelé à faire partie du ministère du 12 mai, eut pour successeur M. Sauzet, qui occupa le fauteuil de la présidence jusqu'au 24 février 1848, c'est-à-dire pendant neuf ans.

M. Sauzet était un excellent président pour les séances ordinaires, pour les discussions d'affaires. Plein de courtoisie et de bienveillance, doué d'une mémoire prodigieuse, d'une facilité de parole à toute épreuve, il excellait à conduire les discussions les plus confuses et à démêler l'écheveau le plus embrouillé par les amendements, sous-amendements, etc. ; mais nature molle et sans énergie, il était tout à fait au-dessous de ses fonctions dans les moments d'orage ; c'était un président *à sonnette*, et il perdait complètement la tête dans les moments difficiles.

Une fois, ne pouvant dominer le tumulte, il disparut, sans qu'on s'en aperçût, par une porte masquée, située derrière le bureau, et dont on ne se servait que dans les cas *pressants*.

C'est à ce propos que M. Vatout, l'auteur de la chanson du *Maire d'Eu* et autres poésies *légères*, improvisa le sixain suivant :

> En vain la Chambre embarrassée
> Cherche partout Sauzet de l'œil ;
> Il disparaît sous son fauteuil ;

C'était une chaise percée.
C'est que de tous les cas il fait
Une question de cabinet.

On comprend qu'avec ces précédents M. Sauzet fit assez triste figure au fauteuil de la présidence le 24 février 1848 ; mais les Boissy d'Anglas sont rares : la suite l'a bien prouvé.

Lorsque, au mois de mai 1848, il s'agit de nommer le président de l'Assemblée constituante, les partis, fatigués du gouvernement des avocats et croyant sans doute la société bien malade, avaient voulu essayer des médecins : on voyait des médecins partout ; le ministère de l'intérieur, celui des travaux publics, la préfecture de police, avaient à leur tête des médecins ; les choses n'en allaient pas beaucoup mieux ; il est vrai qu'alors, comme aujourd'hui, ce n'était pas précisément la tête de la profession qui avait fait invasion dans la politique.

Deux médecins furent candidats à la présidence de l'Assemblée, MM. Buchez et Trélat : la partie modérée, la droite, fit pencher la balance en faveur du premier, croyant, à tort ou à raison, qu'il lui offrait plus de garanties.

A peine en possession du fauteuil de la présidence, M. Buchez, homme honorable du reste, esprit laborieux, mais timide, appartenant beaucoup plus, dans la classification des partis, aux utopistes naïfs qu'aux jacobins militants, M. Buchez eut à subir la rude épreuve du 15 mai et il y prouva non seulement qu'il n'appartenait pas, lui non plus, à la race des Boissy d'Anglas, mais qu'il était au-dessous de M. Sauzet lui-même.

Il fut bientôt remplacé par M. Senard, qui n'occupa le fauteil que peu de temps et le céda à M. Armand Marrast, l'ancien rédacteur en chef du *National*, qui fut, à vrai dire, le seul président de l'Assemblée de 1848.

Esprit très cultivé, professeur de rhétorique à vingt ans, M. Marrast, comme beaucoup d'autres, ne s'était égaré dans les rangs de la démocratie la plus avancée que parce que la société ne lui faisait pas une place à la hauteur de son ambition. Il n'aurait pas mieux demandé, lui aussi, que d'occuper une grande position dans une république *athénienne*, et, il faut lui rendre cette justice qu'aussi bien dans les salons dorés de l'ancienne demeure des Condé, où ses réceptions firent un certain bruit, qu'au fauteuil de la présidence, il ne fit pas mauvaise figure.

Courtois et ferme à la fois, très familier avec les débats de la tribune, qu'il avait suivis et jugés comme journaliste pendant

quinze ans, M. Marrast fut un très bon président, et, comme c'est surtout à ses coreligionnaires politiques, toujours bruyants
et indisciplinés, que s'appliquaient ses coups
de férule, ceux-ci aimaient à se moquer de
ses allures trop aristocratiques et l'appelaient
ironiquement : « Monsieur le marquis[1] ».

L'Assemblée législative de 1849 eut la
bonne fortune de retrouver pour la présider
pendant toute sa durée M. Dupin, auquel
les années n'avaient rien enlevé de ses rares
qualités et qui sut, pendant trois ans, diriger
avec sa verve et sa vigueur des anciens jours
des débats souvent orageux ; on se souvient
particulièrement de ses luttes avec son compatriote, le pharmacien Miot, interrupteur
forcené, dont il avait souvent à réprimer les
écarts et qui a clos (espérons-le) sa glorieuse
carrière par le rôle important qu'il a joué
dans la Commune.

On a quelquefois reproché à M. Dupin de
n'avoir pas montré assez d'énergie dans la
matinée du 2 décembre, alors que quelques-
uns de ses collègues, ayant été l'arracher aux
douceurs du sommeil, l'excitaient à protester
contre la violation de l'Assemblée. Nous
croyons que ce n'est pas l'énergie qui, dans

---

[1] On sait combien tout cela a été dépassé depuis
par un autre parvenu.

cette circonstance, fit défaut à M. Dupin, et qu'au fond il n'était pas trop fâché de ce qui se passait.

Avec la constitution de 1852, les fonctions de président du Corps législatif perdaient beaucoup de leur importance et de leurs difficultés. Cependant le choix de l'homme n'était pas indifférent, et l'empereur eut la main heureuse en appelant successivement à ce poste élevé M. Billaut et M. de Morny.

Ce dernier occupait le fauteuil lorsque les graves modifications apportées à la constitution de 1852, par les décrets de 1860, vinrent relever la tribune et restaurer les anciens débats parlementaires. Les éminentes qualités d'esprit de M. de Morny, son exquise urbanité jointe à une grande fermeté, trouvèrent là leur heureuse application, et c'est à bon droit qu'on put dire de lui : une main d'acier sous un gant de velours.

La mort prématurée de M. de Morny laissa vacant le fauteuil de la présidence au moment où les nouvelles réformes de 1864 en augmentaient encore l'importance. Il était difficile de le remplacer, bien que le Corps législatif eût alors pour vice-présidents deux hommes de valeur, MM. Schneider et Alfred Leroux. M. Schneider surtout était un homme considérable par sa grande fortune, honorablement acquise dans le plus important établissement industriel de notre pays, aussi bien que par son incontestable capacité. Il avait plusieurs fois présidé avec distinction les séances du Corps législatif.

D'un autre côté, la candidature de M. Alfred Leroux était très vivement appuyée auprès de l'empereur par un homme d'un excellent jugement et qui avait alors beaucoup d'influence, M. Fould.

L'empereur dit à M. Fould : « Eh bien ! il faut faire présider M. Leroux, et nous le jugerons à l'œuvre ». Mais M. Schneider, qui était un homme fort perspicace et qui avait probablement eu vent de quelque chose, eut le soin de ne jamais abandonner à son collègue le fauteuil de la présidence, et l'épreuve ne put se faire.

Pour sortir de cet embarras, l'empereur, après avoir attendu quelque temps, et, sans en rien dire à personne, nomma M. Waleski pour lequel il avait un faible[1], et qui ne justifia guère ce choix inattendu. Affligé de surdité, peu au courant des débats parlementaires, car il n'avait jamais appartenu à aucune assemblée, M. Waleski se montra beaucoup au-dessous de la tâche qui lui avait été confiée ; il fallut songer à le remplacer, et

[1] Lire dans les lettres de Mérimée à Panizzi les intéressants détails relatifs à la faveur dont jouit pendant quelque temps M. Waleski.

M. Schneider, qui avait subi avec dignité, mais non sans quelque amertume, une préférence à laquelle il ne devait pas s'attendre, cette fois candidat obligé, fut appelé au fauteuil de la présidence, qu'il occupa jusqu'à la fin de l'Empire.

Bien que, dans cette rapide esquisse des personnages qui ont successivement occupé la présidence de la Chambre des députés, nous nous soyons, autant que possible, abstenu de considérations politiques, qu'il nous soit permis de rappeler que M. Schneider, en opposition avec le principal ministre qui jusque-là avait dirigé les affaires de l'Empire, fut un de ceux qui poussèrent le plus activement l'empereur dans la voie qu'on décorait du nom d'empire libéral, et qui aboutit au ministère Ollivier.

La conduite de M. Schneider dans la journée du 4 septembre fut, en tout point, digne d'éloges ; il déploya beaucoup d'énergie, ne se retira que devant la force et fut, de la part de quelques énergumènes, l'objet d'indignes violences, qui auraient pu avoir une fin tragique sans la courageuse intervention de quelques-uns de ses collègues.

Nous avons, au commencement de cette étude, consacré quelques lignes à l'homme politique qui, pendant deux ans, a présidé l'Assemblée dont le mandat vient d'expirer et qui a repris possession du fauteuil avec celle qui la remplace. Nous ne terminerons pas sans dire quelques mots de l'homme éminent qui lui avait succédé en 1873. Nous y tenons d'autant plus que nous y mettons une espèce d'amour-propre *d'auteur*.

Peu de temps avant le remplacement de M. Grévy, nous sortions d'une séance orageuse qu'il avait présidée avec une grande mollesse, et nous en exprimions vivement notre sentiment devant quelques-uns de ses collègues appartenant au parti conservateur.

— Il n'est pas possible, disions-nous, que vous conserviez un pareil président.

— Mais par qui le remplacer ?

— Par M. Buffet, qui a toutes les qualités de l'emploi.

Quelques jours plus tard, un incident parlementaire obligeait M. Grévy à donner sa démission, et il était remplacé par M. Buffet.

On sait avec quelle distinction, quelle fermeté, quelle impartialité, M. Buffet s'est acquitté de cette tâche, pour laquelle il était si bien fait, et combien il est regrettable que les nécessités de la politique l'aient appelé à en remplir une autre, dont les difficultés étaient peut-être insolubles. Nous ne voulons pas juger aujourd'hui cette grave question.

CRITIQUE LITTÉRAIRE

Bien que les trois articles qui suivent, et qui ont été publiés dans des journaux différents, ne rentrent pas absolument dans mon cadre, j'ai tenu à leur réserver une place dans ces *souvenirs*. C'est en effet un souvenir que je suis heureux de donner à trois personnes dont je m'honore d'avoir été l'ami et pour deux desquelles ce ne sera, hélas! qu'un souvenir posthume. Je le fais d'autant plus volontiers que les éloges qui se trouvent dans ces articles au sujet de trois importantes publications ont été ratifiés par des juges beaucoup plus autorisés que moi.

PORTRAITS POLITIQUES

CONTEMPORAINS

Par le vicomte de LA GUÉRONNIÈRE

(Mémorial des Pyrénées. — 1856.)

ORTRAITS politiques contemporains ! Voilà trois mots qui indiquent trois grandes difficultés. En littérature, comme en peinture, un bon portrait n'est pas chose facile et les maîtres seuls y ont excellé. La difficulté s'accroît si l'écrivain est appelé à peindre ces grandes figures politiques dont la vie fut intimement liée aux destins des empires. Nos maîtres de prédilection s'appellent alors Tacite, Bossuet, Saint-Simon, et, dans un rang inférieur, le cardinal de Retz. Mais à l'exception de Bossuet, dont la magnifique éloquence fut consacrée aux panégyriques des plus grandes gloires de son temps et qui n'aurait guère trouvé de contradicteurs chez ses contemporains, non seulement lorsque, après leur mort, il célébrait les hauts faits de Turenne et de Condé, mais encore lorsqu'il peignait à grands traits la sombre figure de Cromwel; à l'exception de ce sublime maître, les écrivains que nous venons de citer ne travaillaient pas pour être lus de leur vivant et, tout en laissant à leurs portraits la double empreinte de leur caractère personnel et quelquefois des passions de leur temps, rien ne gênait la liberté de leurs allures, l'indépendance de leurs jugements.

Lorsqu'il s'agit, au contraire, de peindre pour ses contemporains ces figures que nous avons tous connues, dont la plupart sont encore sous nos yeux ; lorsqu'il faut, en peignant les hommes, apprécier des événements qui sont encore brûlants et avoir pour lecteurs et pour juges beaucoup de ceux qui y ont joué un rôle, la tâche devient encore plus difficile et ce n'est pas trop, pour ne point y succomber, d'unir à la puissance du style l'élévation de la pensée, la sagacité de l'esprit et l'indépendance du caractère; de savoir s'abstraire, pour ainsi dire, des événements dont on fut le témoin pour s'en faire le juge impartial et désintéressé; à ces conditions on ne laissera peut-être pas encore à la postérité le dernier mot de l'histoire, mais on lui aura

du moins fourni des matériaux dignes d'in--
térêt et de respect.

Cette tâche difficile, M. de La Guéronnière
l'a entreprise et, nous sommes heureux de le
dire sans craindre de nous laisser égarer par
notre sympathie pour le caractère et le talent
de l'auteur, personne peut-être n'était dans
de meilleures conditions que lui pour la me-
ner à bonne fin. Légitimiste par l'éducation,
républicain par entraînement lorsqu'un
homme de génie et de cœur, qui fut son
maître, sauvait par des prodiges de courage
et d'éloquence, la France livrée à la merci
des passions populaires, M. de La Guéronnière est devenu impérialiste par conviction,
lorsque les agitations stériles des partis et
leurs luttes passionnées contre le seul pouvoir qui pût raffermir la société si profondément ébranlée, lui eurent montré où était le
danger, lorsqu'enfin la volonté du pays trois
fois consultée et librement exprimée eut dit
à tous où était le salut ; — bien plus logique,
croyons-nous, dans ces modifications succes-
sives de ses opinions, que ceux qui, après
avoir fait le sacrifice de leurs plus chères
espérances, dans des professions de foi dont
le souvenir n'est pas complètement perdu,
après avoir fait ce sacrifice au grand principe
du suffrage universel, n'ont pu se résigner à
accepter ses arrêts.

Les antécédents que nous venons de rappeler, joints à la bienveillance du caractère et à l'élévation de l'esprit, expliquent en partie le succès de M. de La Guéronnière dans la tâche si difficile des huit portraits qu'il nous a donnés et dont les originaux s'appellent *Napoléon III*, *Nicolas Ier*, *Léopold Ier*, le *comte de Chambord*, le *prince de Joinville*, M. *Thiers*, le *comte de Morny*, le général *Cavaignac*.

Ces figures si diverses, les grands événements qu'elles rappellent, les situations délicates qu'elles indiquent, sont appréciés par l'écrivain avec autant de pénétration que d'équité et avec cette impartialité sereine plus facile, nous le reconnaissons, lorsqu'on n'a été mêlé que de loin aux luttes des partis.

Soit qu'il ait à peindre, dans l'empereur Nicolas, le continuateur persévérant et audacieux de l'œuvre de Pierre Ier et de Catherine II, et la nécessité d'un pouvoir autocratique pour la direction d'un peuple de 60 millions d'âmes, qui, dans l'intérêt de sa civilisation, doit « marcher comme une légion sous le sceptre de ses Czars »; soit que, dans Léopold Ier, il ait à apprécier les institutions libérales de la Belgique et le fonctionnement régulier du gouvernement parlementaire dans un pays où l'on ne compte que quatre millions d'hommes et sous l'habile

direction « d'un prince honnête, libéral,
éclairé, pour lequel la royauté a été plutôt
un devoir qu'un privilége » ; soit qu'en étudiant la noble et grave figure de l'empereur
Napoléon III, il ait à raconter les phases si
diverses de son existence, à peindre les qualités de son esprit, ce merveilleux mélange de
raison calme et d'imagination hardie, de prudence et d'audace, qui fait le grand politique,
dont on retrouve l'empreinte chez l'écrivain et qui, au moment opportun, devient
l'instrument providentiel du salut social ;
soit enfin que, dans les portraits du comte de
Chambord et du prince de Joinville, il parle
des douleurs de l'exil noblement supportées,
ou qu'il apprécie avec une grande hauteur de
vues le rôle de la monarchie pendant douze
siècles, le principe de la légitimité, digne de
respect sans doute, mais « qui a fait son
temps » , M. de La Guéronnière peint son
modèle avec la même élévation d'esprit, avec
la même sûreté de jugement.

Les hommes politiques ne sont pas peints
avec moins de succès que les hommes de race
souveraine. Ainsi, quand il étudie les figures de MM. Thiers et de Morny, il sait
merveilleusement nous retracer les formes si
diverses et si séduisantes de l'esprit francais ;
le premier, *révolutionnaire, mais non libéral,*
comme le lui a dit M. de Lamartine, conser-

vateur fougueux lorsqu'il s'agit de fonder une monarchie dont il voulait être le Chatham, et presque factieux lorsque le monarque veut momentanément se priver de ses services; « arrivant cependant au sommet de la fortune, épuisant toutes les grandeurs, toutes les popularités et toutes les renommées et ne méritant cependant pas le nom d'homme d'État complet, parce que, ajoute l'écrivain, le talent donne la popularité, le caractère seul donne la postérité ». Le second, esprit charmant, unissant les grâces et la distinction de l'ancienne aristocratie française à la vigueur et à la solidité des générations modernes, la froide raison de l'homme d'affaires à la décision et à l'élévation d'esprit du politique, tout cela sous les dehors légers de l'homme du monde; homme d'État complet, au demeurant, le jour où il aura le courage de sacrifier l'indépendance de ses goûts et de ses idées à quelques-unes des obligations souvent fastidieuses que la vie politique impose et d'accepter « ses mille rapports qui en sont le côté banal, si l'on veut, mais néanmoins très importants, et qui l'ennuient et le fatiguent ». « Dans notre pays, dit à ce sujet, avec une haute raison, M. de La Guéronnière, on ne compte plus ou l'on compte peu, dès que l'on est en dehors de la vie politique. C'est pour cela qu'il ne faut pas la dédaigner

et que, pour s'élever à la renommée qu'elle
donne, aux responsabilités qu'elle impose, il
ne faut pas craindre d'accepter les contraintes
qu'elle entraîne. »

Ces courtes citations valent mieux que
tout ce que nous pourrions dire pour donner
une juste idée de la touche ferme et hardie
de M. de La Guéronnière. Ajoutons une réflexion qui donnera la mesure de son impartialité et de la sûreté de son coup d'œil, c'est
que la plupart de ces études, réunies aujour-
d'hui en un volume, ont été publiées pour
la première fois il y a plusieurs années ; que
les portraits de Napoléon III, du comte de
Chambord et du prince de Joinville datent
de 1851, que l'auteur n'y a rien changé et
que depuis cette époque rien, dans les événements si graves et si divers qui se sont succé-
dés, n'est venu donner un démenti à ses
vues ou lui faire regretter ses appréciations.

Nous n'avons pu lire sans un vif sentiment
de regret les dernières lignes de la courte introduction que l'auteur a placée en tête de
son livre et dans laquelle il nous dit que sa
galerie devait être plus complète; que, parmi
les figures qu'il s'était promis de peindre, il
y en avait quatre surtout auxquelles « il aurait aimé à donner la grandeur que leur
donnera l'histoire » : ce sont celles de *Pie IX,*
de *M. Guizot,* de *lord Palmerston* et de

M. de Lamartine ; mais que les convenances et les devoirs de la vie publique ne lui ont pas permis de réaliser son plan.

De ces quatre études, celle que nous regrettons le plus est sans contredit celle de M. de Lamartine. Nous aurions été heureux d'avoir un portrait du maître par le plus brillant de ses élèves, un portrait de Rubens par van Dyck. Personne mieux que M. de La Guéronnière n'aurait peint ce noble caractère si fortement éprouvé, ce cœur si aimant auquel il a été donné de connaître toutes les désillusions, toutes les amertumes de l'homme public, après avoir épuisé toutes les douleurs de l'homme privé ; personne mieux que lui ne nous aurait rendu compte de cette vie si remplie et qu'il a étudiée de près ; personne mieux que lui n'aurait apprécié l'homme qui a si complètement connu ce que la popularité a de plus enivrant et en même temps de plus éphémère, et qui, après avoir été placé aussi haut qu'il est donné à un simple citoyen de parvenir, au lieu de maudire après sa chute les hommes et son temps, trouve de nobles consolations dans le culte des lettres qui furent sa première gloire ; personne, enfin, mieux que M. de La Guéronnière, n'aurait parlé de M. de Lamartine auquel, dit-il, avec une constance qui l'honore, « il a voué depuis longtemps un respect et une admiration que lui accordera la justice de la postérité ».

Critique d'occasion et non de métier, l'approbation ne nous pèse pas, et après avoir applaudi à l'élévation de pensée et à la noblesse de sentiment qui sont le caractère distinctif de l'œuvre de M. de La Guéronnière, aussi bien qu'à l'ampleur du style et à l'éclat de la couleur, nous n'éprouvons pas le besoin de trouver quelques défauts de détail. Qu'il nous soit cependant permis de faire une remarque : habitué à peindre des têtes couronnées, ou tout au moins les hommes qui ont joué les premiers rôles de l'histoire contemporaine, M. de La Guéronnière y a peut-être contracté le goût de forcer un peu les tons et de grossir les objets. C'est ainsi que, dans l'étude sur l'empereur Nicolas, il appelle M. de Barante *un grand seigneur* et M. de Heckeren *un homme politique*, et qu'ailleurs il parle de la *belle* Histoire de la Révolution de M. Thiers. Quelque populaire qu'ait été l'œuvre de cet écrivain, nous trouvons l'épithète singulièrement exagérée et nous l'appliquerions plus volontiers à l'*Histoire du Consulat et de l'Empire*, qui témoigne des études sérieuses et des vues élevées de l'homme politique, tandis que la première porte trop l'empreinte de l'inexpérience et des passions du journaliste de l'opposition.

Bien que M. de La Guéronnière juge en général les hommes avec une grande bienveillance et qu'il soit plus porté par la nature de son esprit à exagérer leurs qualités que leurs défauts, il faut remarquer que lorsqu'il s'agit d'apprécier les partis et leurs actes, tout en restant historien impartial, il ne manque ni de verve ni de vigueur. Nous n'en donnerons pour preuve que deux exemples ; voici comment il définit *le centre gauche* :

« Le centre gauche n'était pas un parti ; c'était une fronde. Son drapeau n'était pas formé de couleurs, mais de nuances ; il y avait un peu de bleu et un peu de rouge, le blanc seul y manquait. Le centre gauche avait deux issues, l'une qui ouvrait sur la révolution, l'autre qui sortait en pleine conservation. Il était conservateur avec M. Guizot et révolutionnaire avec M. Odilon Barrot. A la cour, il saluait très bas ; à la Chambre, il parlait très haut. Son orgueil était de la vanité et non de la fierté. Sa force n'était que de l'audace et de l'adresse. Il taquinait le pouvoir, il le harcelait, il le mordait aux talons, il lui criait aux oreilles, il le fatiguait et l'étourdissait, mais il ne lui résistait pas. Ce qu'il voulait, ce n'était pas de changer la politique, mais de la diriger. Toute politique était bonne à ses desseins pourvu qu'elle devint la sienne. Il n'allait en avant qu'avec des mots, il allait en arrière avec des actes. Il glorifiait le progrès et il restait immobile. Il encensait la liberté et il l'immolait. Il s'empanachait de guerre et il reculait. Il promettait tout et ne donnait rien. Il n'avait que des menaces sur les lèvres et des concessions dans la main. Son libéralisme ressemblait à une magnifique enseigne sur une hôtellerie fermée. Son patriotisme était vide et sonore. Il semait l'agitation et ne laissait que des déceptions ; l'opinion pour lui, n'était qu'un caprice ; il cherchait à la séduire et ne voulait pas l'épouser ; il ne lui empruntait sa puissance que pour la désarmer et pour s'en faire un moyen de domination sur la royauté. En devenant populaire il était bien près d'être maître, et quand il était maître il cessait d'être libéral. »

Un peu plus loin, voici ce qu'il dit de la coalition :

« La coalition est née sur un banc du centre-gauche. M. Thiers l'a bercée sur ses genoux, l'a nourrie de son esprit, l'a fortifiée de ses ambitions, l'a excitée de son ardeur et quand il l'a crue suffisamment formée pour la lutte, il l'a lancée contre le ministère du 15 avril. Ce jour-là la monarchie était asservie sous la main de la puissance parlementaire, elle était asservie et perdue. Le roi ne cessait de gouverner que pour bientôt cesser de régner.

« Quel était en effet le sens de la coalition? Pourquoi des points les plus opposés tous les chefs de parti se donnaient-ils la main ; pourquoi M. Berryer, qui servait la légitimité, se rencontrait-il avec M. Garnier-Pagès qui attendait la république et avec M. Odilon Barrot qui ne voulait ni la république ni la légitimité? Pourquoi M. Guizot et M. Thiers, dont le divorce s'était accompli avec un éclat presque scandaleux, allaient-ils recommencer leur lune de miel en se jurant de s'entre-aider et de se détester ? Pourquoi M. Duvergier de Hauranne, qui n'avait jamais été d'accord qu'avec lui-même, jouait-il aussi son air dans ce concert discordant ? Il y avait un but commun entre tous ces chefs de parti : c'était de subordonner, d'humilier la royauté. »

Mais pourquoi des citations ? C'est le livre entier qu'il faut lire pour avoir une juste idée de sa valeur ; après cette lecture, nous ne craignons pas de le dire, le lecteur impartial s'associera à nos éloges et à nos regrets, et fera des vœux pour que M. de La Guéronnière ne s'exagère pas les obligations qui lui sont imposées par ses fonctions publiques, pour qu'il profite, au contraire, des loisirs et de la liberté dont il peut encore disposer pour compléter sa galerie de portraits. Peut-être

en effet le jour n'est-il pas éloigné où des devoirs plus élevés lui seront imposés, où son
temps devra plus exclusivement être consacré
au service de l'État. Déjà lorsque la succession
de M. Fortoul a été ouverte par une mort
prématurée et regrettable, il a été sérieusement question de M. de La Guéronnière pour
la recueillir. Nous ne regrettons pas, pour
notre compte, qu'elle soit échue au magistrat
éminent dont la main vigoureuse était peut-
être alors nécessaire pour arrêter l'exagération
de certaines tendances ; mais un moment
plus opportun se présentera, la maturité
de l'homme politique sera plus complète et
le second règne de la dynastie napoléonienne
aura son Fontanes.

LE GÉNIE DES PEUPLES

DANS LES ARTS

Par le duc DE VALMY

(*Le Pays*. — Février 1867).

E culte des arts, l'étude de leur histoire, de leur développement, de leurs vicissitudes, offrent à l'esprit des jouissances infinies, un précieux refuge après les agitations de la politique, et l'on est particulièrement heureux lorsque l'on voit des hommes comme le duc de Luynes, le duc de Valmy, faire de ces questions l'objet de leurs plus chères et de leurs plus constantes préoccupations.

C'est surtout à l'étude de l'architecture et des monuments que ce grand art a produits, qu'ont été consacrés jusqu'à présent les travaux du duc de Valmy, et, bien que dans l'ouvrage que nous venons de lire avec tant d'intérêt, les plus hautes questions de l'esthétique aient été hardiment abordées et magistralement traitées, c'est l'architecture qui tient la plus grande place.

Rechercher l'origine de l'art, découvrir à quelle source le génie de l'homme en a puisé les principes, comparer les œuvres accomplies par les différents peuples qui se sont succédé depuis trois mille ans, montrer quelle théorie vraiment sérieuse et féconde est issue de ce grand concours de tant de générations, tel semble avoir été le but du livre que nous avons sous les yeux.

Après avoir passé en revue l'état des arts chez les peuples de l'antiquité, l'auteur arrive à établir que leur culte a toujours eu les Grecs pour initiateurs.

Peu importe, dit-il, que tel ou tel peuple s'arroge le droit d'aînesse dans la culture des arts. Ce qui intéresse notre sujet, c'est de reconnaître le peuple dont le génie a su donner aux arts et aux lettres une véritable perfection. Or, aucun fragment de pierre, de marbre ou de bronze, n'est venu révéler la perfection des œuvres de peinture, de sculpture ou d'architecture des peuples contemporains des Grecs ou plus anciens qu'eux. Les historiens qui ont étudié la civilisation de

ces peuples reconnaissent qu'elle s'est déve-
loppée seulement à l'époque où les Grecs leur
avaient donné des leçons et des exemples.

L'auteur démontre ensuite quel est le
principe qui, dès l'origine, a présidé chez
les Grecs à leurs créations dans les arts ; c'est
à une puissance surnaturelle que les Grecs,
Platon en tête, ont attribué les préceptes du
beau dans les arts.

L'intervention divine avait chez eux une
part nécessaire dans les œuvres mêmes du
génie.

La raison humaine s'inclinait devant une
autorité supérieure, elle ne rougissait pas de
prendre son point d'appui hors d'elle-même ;
elle avait le sentiment de son origine divine
et elle remontait sans cesse vers cette source
pour s'y retremper.

Le principe de l'art, comme le démontre
facilement le duc de Valmy, est donc d'es-
sence divine ; il a son siège dans l'âme, sanc-
tuaire impénétrable, trait d'union entre la
terre et le ciel ; il doit ses progrès aux inspirations qui émanent de cette source et qui,
par des voies mystérieuses et des privilèges
inexplicables, descendent dans les esprits
d'élite comme des reflets du génie divin.
Aussi partout dans les beaux-arts, chez les
peuples anciens, trouve-t-on l'image fidèle
du sentiment qu'ils avaient de la Divinité.

Partout la première statue a été celle d'un dieu, et le premier monument a été son temple ; partout les œuvres d'art ont porté l'empreinte des croyances religieuses, toujours, comme elles, vulgaires ou nobles, sombres ou brillantes.

Après avoir largement développé cette thèse, l'auteur nous montre l'art grec s'emparant successivement de l'empire du monde païen, prenant la place de l'art égyptien et assyrien, sans attendre que les armées d'Alexandre ou les légions romaines aient soumis Babylone et Memphis, posant les fondements de Palmyre et d'Alexandrie avant ceux de la domination étrangère, substituant partout les inspirations aux créations informes de la barbarie, chassant Jupiter Ammon de ses grottes souterraines pour l'asseoir dans un temple plus digne du dieu des dieux, remplaçant l'éternel cavalier par les cavaliers de Phidias, et les décors hiéroglyphiques des Egyptiens par les bas-reliefs du Parthénon.

Cependant, et c'est par ces lignes que se termine le premier livre du *Génie des Peuples dans les Arts*, cette civilisation devait, à son tour, périr par l'excès de sa puissance et le contact fatal de ses conquêtes :

« Le flot des passions vulgaires et des superstitions honteuses qui avaient envahi l'empire des Césars devait renverser la genèse olympique, et ensevelir dans son propre triomphe le génie de la Grèce, vainqueur du génie de l'Egypte, de l'Assyrie, de la Perse et des Indes. A côté des dieux que des traditions glorieuses avaient révélés, et qui pouvaient mériter le culte d'un peuple civilisé et passionné pour les grandes choses, les décrets d'un sénat avili avaient fait asseoir des Césars perdus de débauche.

. . . .

En un mot, l'empire romain a été conquis une seconde fois par les peuples qu'il avait soumis; mais cette fois les vainqueurs ne s'appelaient pas la poésie, l'éloquence, les beaux-arts, la tolérance et la liberté : ils s'appelaient la luxure, la débauche, l'idolâtrie, l'intolérance et le despotisme. Sous l'influence de ces mauvaises passions, le génie des arts s'était perverti, les règles de Phidias et de Polyclète avaient été foulées aux pieds en même temps que les dogmes religieux les plus vénérés ; et lorsque les Barbares étaient venus renverser le cadavre de l'empire romain, le génie de l'art n'était plus lui-même qu'une ombre du génie de Rome et d'Athènes. »

Ainsi s'achève la brillante revue de l'art et de ses œuvres, sous l'inspiration du génie grec.

Mais voici que s'ouvre un monde nouveau que M. de Valmy va étudier à son tour, sans jamais perdre de vue ce principe du Beau, qui avait été pour la Grèce comme une révélation du ciel et par lequel s'explique la domination de ses arts sur toute la terre.

L'*Ère chrétienne* se montre ; l'objet de l'art peut être changé, mais ses principes ne le sont pas, et les aperçus de l'auteur ont ici un caractère de nouveauté qui dérange beaucoup de théories accréditées sur la nature de l'art chrétien. Le style byzantin et le style roman, que l'on a trop souvent confondus et qui, suivant M. de Valmy, sont merveilleusement personnifiés, le premier dans l'église de Sainte-Sophie de Constantinople, le second dans celle de Saint-Saturnin de Toulouse ; le style mauresque, le style ogival ou gothique, sont l'objet d'une étude consciencieuse et approfondie dans laquelle nous regrettons que le défaut d'espace nous empêche de suivre l'auteur.

Tout en rendant justice à la plupart des ingénieux aperçus de M. de Valmy, à la profondeur de ses études, à la sagacité de ses observations, il y a un point sur lequel nous ne pouvons être de son avis, c'est ce qui concerne l'art gothique. Déjà sur ce sujet, alors que nous admirions le Colysée et Saint-

Pierre de Rome, ces deux chefs-d'œuvre de
deux civilisations différentes, nés sous l'inspiration de l'art grec, nous avons su résister
à un autre enchanteur, le spirituel et savant
président de Brosses.

Lui aussi, ce juge d'un goût si sûr pour
l'appréciation des œuvres de l'art grec, sous
l'empire des idées, nous dirions volontiers
des préjugés de son temps, il ne voyait guère
dans les monuments de l'art ogival que de
méchantes choses.

M. de Valmy ne va pas jusque là, mais,
dans son enthousiasme pour l'esthétique de
l'art grec et la supériorité de ses productions,
il ne voit guère dans les monuments de l'art
ogival que « des caprices spirituels, des fantaisies gracieuses et des rêveries esthétiques
dont une civilisation naissante devait être
fière, mais dont les imperfections ont été dé-
voilées par la lumière d'une civilisation plus
avancée... »

En résumé, dit M. de Valmy, le style gothique n'est pas une création proprement
dite : c'est un plagiat de tous les styles qui
l'avaient précédé.

Nous ne dirons pas, comme M. de Valmy
le reproche justement à quelques enthou-
siastes trop exclusifs, que le style ogival est le
dernier mot de la civilisation chrétienne, que
l'art chrétien doit s'arrêter à cette formule ;

mais nous ne craindrons pas d'affirmer que dans l'état actuel, et tout en payant un légitime tribut d'admiration au chef-d'œuvre de Bramante et de Michel-Ange, c'est encore l'art ogival qui a fourni au culte chrétien ses plus dignes monuments, c'est cet art dont les œuvres nous semblent le mieux appropriées à nos climats, et, quelles que soient les objections dirigées contre son défaut de solidité, ne perdons pas de vue que ces monuments, qui font à bon droit l'orgueil de notre pays, comme celui de l'Angleterre et de l'Allemagne, s'ils ont senti les outrages du temps, et si leur conservation réclame d'indispensables réparations, c'est qu'ils ont six siècles d'existence.

C'est qu'il y a un principe qui domine invinciblement tous les autres : le génie, sans s'affranchir absolument de certaines règles, a plus d'une formule pour se manifester, et, tout en laissant aux Grecs la supériorité qui leur appartient encore, non seulement dans les arts, mais encore dans toutes les productions du génie humain, on ne saurait contester aux grands artistes du moyen âge leur puissante originalité, ni refuser à leurs nombreux chefs-d'œuvre l'admiration qui leur est due.

Arrivant à cette grande époque de l'art connue sous le nom de Renaissance, dont l'inauguration se fit à Florence par Philippe Brunelleschi et le couronnement fut cette magnifique église de Saint-Pierre de Rome, fondée d'après les plans de Bramante et glorieusement complétée par Michel-Ange, M. de Valmy en étudie avec une grande sagacité les développements successifs et y trouve une nouvelle preuve de sa doctrine, l'immense supériorité de l'art grec dont cette époque s'inspira et dont elle ne fut qu'une brillante et nouvelle manifestation.

Il suit pas à pas son introduction en France où, sous la direction des artistes italiens et l'intelligent patronage d'un souverain, ami des arts, elle produisit ces chefs-d'œuvre dont s'enorgueillit à bon droit la France des Valois, les châteaux de Chambord, de Chenonceaux, de Blois, etc.

Ajoutons, et c'est là un argument de plus en faveur de la thèse que nous soutenions tout à l'heure, que, bien qu'on retrouve dans ces monuments les inspirations et les traditions de l'art grec, grâce au génie de leurs auteurs, ils sont empreints d'un puissant caractère d'originalité; ce ne sont pas, comme nous ne l'avons que trop vu plus tard, de vulgaires pastiches, et, bien qu'ils soient dus à des artistes italiens, ils constituent une physionomie toute particulière de l'art et des différences très marquées entre la renaissance française et la renaissance italienne[1].

Mais cette brillante époque de l'art moderne, parvenue à son apogée sous le règne de Léon X et sous celui de François Ier, n'a qu'une trop courte durée. L'art italien arrive, pour la seconde fois, à une décadence dont il ne s'est pas encore relevé, et la réaction s'en fait promptement ressentir en France, où aux brillants chefs-d'œuvre de l'époque des Valois succèdent les lourdes constructions de Louis XIII.

Nous croyons avec M. de Valmy que le patronage du pouvoir a toujours exercé une influence décisive sur le progrès et le caractère de l'art, et c'est à bon droit qu'il fait remarquer que Périclès et Auguste, dans l'antiquité, Justinien et Charlemagne, dans les premiers siècles de l'ère chrétienne, avaient guidé et encouragé le progrès des arts, des

[1] Lorsque cet article a été publié, nous ne connaissions pas encore le très intéressant ouvrage de M. l'abbé Chevalier, *Promenades pittoresques en Touraine*, qui n'a paru qu'en 1869. Dans ce savant travail, l'auteur a prouvé d'une façon péremptoire que, sans contester au génie italien le mérite de l'inspiration, la part la plus importante dans la construction de nos beaux monuments de la Touraine et du Blaisois, de l'époque de la Renaissance, revenait incontestablement aux artistes tourangeaux qui, sous le titre trop modeste de *maîtres-maçons*, furent de grands artistes.

sciences et des lettres, et que Léon X et François Ier sont venus à leur tour rappeler le génie de l'art au culte des principes qui avaient fait la gloire du génie païen, et inaugurer ainsi la première phase de la renaissance chrétienne.

Abordant l'étude de la grande époque du règne de Louis XIV, l'auteur y trouve une nouvelle et éclatante démonstration de cette thèse. Il en trace à grands traits le brillant tableau.

« Nous voici, dit-il, en pleine civilisation. Les discordes civiles qui avaient interrompu le progrès des arts, des sciences et des lettres, sont apaisées. L'unité nationale a renversé les barrières que lui avait opposées le moyen âge. La monarchie a réuni dans un même foyer les forces vitales de ses anciennes provinces. Le grand roi est entouré d'une pléiade d'hommes célèbres.

La langue française prend sa forme définitive sous la plume des historiens, des moralistes, des philosophes et des poètes, qui s'éclairent aux lumières de l'antiquité. L'influence de la civilisation antique est souveraine dans les lettres... Les sculpteurs et les peintres, suivant la route tracée par Apelles et Polyclète, exécutent des chefs-d'œuvre nouveaux par la composition, anciens par le respect de la tradition.

Appelée à payer son tribut à ce grand règne, à construire des monuments pour la postérité, et à consacrer des souvenirs de gloire, que fera l'architecture? Demandera-t-elle, à l'exemple de la poésie, ses inspirations aux fictions ingénieuses de l'antiquité? Suivra-t-elle une des routes frayées par la renaissance de Louis XII et de François Ier? Retournera-t-elle, au contraire, jusqu'à l'art gothique, pour le venger des dédains et des mutilations que lui ont fait subir les adeptes de l'art antique?

Non; elle s'ouvrira une route plus sûre. Les artistes du seizième siècle n'étaient arrivés que sur le seuil de l'art antique; ceux du siècle de Louis XIV ont pénétré plus avant dans ce riche domaine. C'est alors qu'un des maîtres les plus célèbres du dix-septième siècle, Perrault, a remis Vitruve en honneur, en a donné une nouvelle traduction, et a même cherché à rétablir les plans de l'auteur. En un mot, le génie de l'art n'a pas essayé de créer un style inconnu pour le siècle de Louis XIV, mais il s'est appliqué à retrouver et à imiter l'art qui avait illustré l'ère païenne ».

Après cet exposé si exact du caractère de l'art sous Louis XIV, l'auteur en suit le développement et fait justice des reproches peu mérités que quelques écrivains de nos

jours ont dirigés contre cette grande époque
de l'art français et dont l'un d'eux, M. Léon
Chateau, a écrit ces lignes dans son histoire
de l'architecture : « Le grand roi a asservi
les beaux-arts à sa volonté, comprimé leur
essor et réduit le génie à la hauteur d'un
estimable talent. »

Cette appréciation, dit M. de Valmy, est-
elle motivée par la réalité des choses? N'est-
elle pas au contraire un tableau de fantaisie?
N'est-ce pas Louis XIV qui, le premier, a
mis au concours les grandes constructions
à élever, le Louvre entre autres? N'est-
ce pas le médecin Perrault, devenu architecte par une vocation inattendue, qui eut
l'honneur de remporter le prix de ce concours?...

L'auteur trouve une nouvelle preuve à
l'appui de cette justification dans l'examen
judicieux qu'il fait des principaux monuments
qui font la gloire du règne de Louis XIV :
le Louvre, les Invalides, Versailles, et surtout
sa merveilleuse chapelle; il montre la puissante impulsion donnée à cette époque se
continuant sous le règne de Louis XV par les
travaux de Gabriel, auquel on doit le Garde-
meuble, l'École militaire et la salle de spectacle de Versailles, et sous celui de Louis XVI
dans la personne de Louis, dont les travaux
se trouvent principalement à Bordeaux, où

il a construit le plus beau théâtre qui existe en France.

Mais là l'art de l'architecture fait un temps d'arrêt, et nous arrivons à la troisième époque, celle du dix-neuvième siècle, que l'auteur appelle l'ère du doute. C'est au moment, s'écrie avec douleur M. de Valmy, où s'ouvrait un avenir plein d'espérance, que le génie impétueux et irréfléchi du dix-neuvième siècle, établissant son empire sur les esprits, a fait revenir l'art sur ses pas et a inauguré une ère de doute dans les arts comme dans les lettres et la politique.

A ce sujet, l'auteur entre dans de savantes considérations où les bornes de cet article ne nous permettent pas de le suivre; il s'élève avec énergie contre cette manie exagérée d'affranchissement qui s'est emparée des esprits, ce dédain pour les traditions anciennes, l'enseignement de l'art abandonné à toutes les fantaisies de l'individualisme; il montre le grand homme qui, au commencement de ce siècle, s'était proposé de rétablir en France tous les principes conservateurs des sociétés, rendant à l'Académie des beaux-arts ses anciennes formes administratives, mais ne pouvant, malgré ses efforts, rallumer le flambeau qui avait éclairé l'art sous Louis XIV et ses successeurs.

Aussi quel a été le résultat de cet esprit

de doute inspiré aux écoles modernes ? Quels
ont été les effets du libre arbitre accordé au
génie des arts depuis un demi-siècle ? L'im-
puissance dans l'anarchie.

C'est en vain que les Allemands ont eu la
prétention de créer une science nouvelle sous
le nom d'esthétique; c'est en vain que des
philosophes, ou, comme aurait dit Napoléon Ier, des idéologues, comme Baumgarten,
Hegel, Schelling, ont voulu tracer de nouvelles théories, donner de nouvelles défini-
tions du Beau, comme celle de ce dernier
auteur, dont voici les termes :

« Le beau, dit Schelling, est une force
positive et active, réalisant dans l'individu
l'idée éternelle correspondant à chaque genre
d'être dans la raison divine, et manifestant
dans le particulier la vie par les formes qui
en sont les symboles. »

Demander aux artistes, dit M. de Valmy,
qui sont appelés à élever des monuments et
à modeler le marbre, de démêler les règles
du Beau dans ces dissertations métaphysiques
qui ont absorbé la vie de leurs auteurs, serait
une prétention peu fondée. Il faut au génie un
flambeau qui l'éclaire et non des feux follets
qui l'égarent. La théorie la plus profane est
encore préférable à ces rêveries esthétiques.

C'est donc, non pas à l'imitation servile et
inintelligente de l'antiquité, mais à l'étude

des grands et immuables principes du Beau créés par la civilisation grecque, c'est au retour vers cette grande tradition, sans enchaîner les inspirations du génie, que M. de Valmy convie les artistes de notre temps.

Quant à nous, après le grand éclat qu'ont jeté en France, depuis un demi-siècle, les arts de la peinture et de la sculpture, après l'incontestable supériorité que la France y a conquise et qui peut encore s'appeler la renaissance française, il nous est impossible de ne pas espérer que l'architecture aura son jour.

Les encouragements, la vive impulsion du pouvoir, ne lui manquent pas, un large développement a été donné aux travaux d'utilité publique, sans négliger ceux qui concernent l'art proprement dit; chacun doit avoir son caractère propre; le souverain a fait achever le Louvre; à l'instar de Louis XIV, il a ouvert un concours pour le monument de l'Opéra, et, s'il ne s'est pas trouvé parmi les médecins de notre temps un nouveau Perrault, ce qu'il faut certainement regretter, espérons que le jeune et intelligent architecte auquel est échue par cette voie si honorable du concours la haute fortune d'exécuter le monument le plus important de notre époque, sortira triomphant de cette grande épreuve et donnera un digne pendant aux chefs-d'œuvre de ses devanciers.

LE MARÉCHAL DAVOUT
PRINCE D'ECKMUHL

RACONTÉ PAR LES SIENS ET PAR LUI-MÊME

Par Mme la marquise DE BLOCQUEVILLE, sa fille

(*Paris-Journal.* — Mars 1879.)

Nous savions que Mme la marquise de Blocqueville, qui a pris un rang honorable dans les lettres par la publication de plusieurs ouvrages justement appréciés, et dont le dernier a pour titre : *les Soirées de la Villa des Jasmins*, s'occupait, depuis longtemps déjà, d'un travail sur son illustre père, le maréchal Davout. Le premier volume de cette importante publication vient de paraître ; il sera suivi de deux ou trois autres. Le culte que Mme de Blocqueville a voué à cette grande figure, qu'elle n'a connue que dans les premiers temps de son enfance, les documents originaux qui lui sont échus dans les partages de famille, et qu'elle a complétés à grands frais, quand l'occasion s'en est présentée ; l'exquise sensibilité dont elle a fait preuve dans ses ouvrages, et qui devait trouver un puissant aliment dans l'étude d'une vie aussi bien remplie que celle du maréchal Davout, toutes ces conditions étaient de nature à promettre un livre plein d'intérêt, et nous nous hâtons de dire que la promesse a été tenue.

Depuis l'*Histoire du Consulat et de l'Empire*, dans laquelle la haute personnalité du maréchal Davout brille d'un si vif éclat, et qui assure le premier rang à ce glorieux lieutenant du grand Napoléon, depuis le livre très remarquable que M. Gabriel de Chénier lui a consacré il y a une vingtaine d'années, la postérité est édifiée sur le prince d'Eckmühl : justice est irrévocablement faite sur les accusations calomnieuses qui, à diverses époques, sous l'empire de l'esprit de parti ou de rivalités jalouses, ont été dirigées contre l'homme qui a occupé une si grande place dans la grande épopée militaire qui commence à 92 pour finir en 1815 ; le grand homme de guerre, le puissant organisateur, l'administrateur intègre, le conseiller toujours indépendant, même lorsqu'il pouvait déplaire, tout cela est aujourd'hui universellement apprécié, et la grande place qu'oc-

cupe le maréchal dans l'histoire de notre
pays est à jamais fixée. Aussi, si nous osons
adresser un reproche à Mme de Blocqueville,
c'est d'avoir pris trop au sérieux certaines
allégations qui n'ont plus cours aujourd'hui
et d'avoir fait l'honneur d'une réfutation à
un homme aussi justement discrédité que
Bourrienne.

Mais si les aspects, que j'appellerai publics,
de cette grande figure du maréchal Davout
étaient désormais en possession de tout leur
éclat, il y a un côté, qui jusqu'ici était un
peu resté dans l'ombre, que Mme de Blocqueville, avec l'autorité des trésors qu'elle possédait, a mis dans tout son jour, et qui est
du plus haut intérêt ; c'est le côté privé, c'est
l'homme de la famille.

Il est vraiment curieux de parcourir, dans
ce premier volume de Mme de Blocqueville,
consacré aux *Années de jeunesse* de son père
cette correspondance du fils respectueux, du
jeune et tendre époux, du chaud camarade ;
il est intéressant de trouver, à la place de cet
homme dur et abrupte, de cette espèce de cro-
quemitaine créé par une légende dont il ne
peut plus désormais être question, un jeune
homme plein de sensibilité, et qui, par ses
traditions de famille comme par son excellente éducation, fut toujours ce que les Anglais appellent un parfait gentleman.

Un des côtés les plus intéressants des documents, tous inédits, de ce livre, ce sont les extraits puisés par Mme de Blocqueville dans les deux gros volumes qui sont entre ses mains et qui contiennent les *analyses* faites par le jeune officier de ses nombreuses lectures. Comme Napoléon, et cet exemple est bon à citer à nos jeunes officiers, le maréchal Davout a employé les courts loisirs de garnison qui lui ont été faits pendant sa jeunesse à de sérieuses et fructueuses lectures, et il serait très intéressant, si l'espace nous le permettait, de citer ses impressions, ses jugements, sur beaucoup de grandes questions de littérature, de philosophie, d'histoire, d'art militaire, etc. Mais comme notre principal but, en parlant de ce livre d'un si haut intérêt, est d'engager à le lire, c'est au livre même que nous renvoyons pour cette analyse, qui ne pourrait être que difficilement entreprise.

En faisant de nombreuses citations du manuscrit de son père, Mme de Blocqueville a dit avec beaucoup de bonheur : «... Nous ressentons un singulier plaisir à étudier les passages copiés par la plume du grand soldat, que nous avons résolu, non pas de *raconter*, mais de *montrer*. » Cela n'empêche pas l'auteur, lorsque l'occasion s'en présente, de formuler, avec beaucoup de netteté et de

justesse d'expression, un jugement sur son
héros, comme celui-ci par exemple : « Le
jeune Bourguignon avait le goût des entre-
prises difficiles, aventureuses, hardies, et il
les menait à fin heureuse, parce qu'il y avait
en lui le génie qui devine, l'esprit de pré-
voyance qui combine, la résolution qui sait
oser à l'heure voulue, et le sang-froid qui
permet de tirer parti de tous les incidents
qui se présentent. »

Pour faire comme Mme de Blocqueville et
montrer son illustre père plutôt que le *raconter*, ce qui nous est encore plus rigoureu-
sement imposé dans un article de journal,
nous voulons citer deux extraits seulement
de la correspondance du maréchal avec sa
famille; cette correspondance, il faut la lire
tout entière, et après l'avoir lue on ne
pourra que souscrire au jugement si heureusement formulé par l'auteur dans ces lignes :
« Toute personne de bonne foi, en lisant ces
lettres du maréchal, en respirant le parfum
salutaire de la belle fleur de délicatesse qui
avait librement poussé dans ce cœur aussi
compatissant que ferme, apprendra à admirer l'*homme*, trop longtemps voilé aux yeux
de la foule par le *héros*. »

Le 7 septembre 1810 le maréchal écrivait
à sa mère :

« ... Vous me dites, ma chère mère, que

votre désir est qu'il soit nommé général de brigade (son frère Alexandre) ; je ne pense pas que votre désir se réalise, et j'estime assez mon frère pour être convaincu qu'il ne partage pas ce désir, auparavant au moins du rétablissement de sa santé, puisque tant qu'il sera dans l'état où il est il ne pourra pas servir l'empereur... Il ne faut pas, ma chère mère, avoir de ces idées que rien ne justifie, et vous me connaissez assez pour être persuadée que je ne les partagerai pas lorsqu'elles seront contre mes devoirs. »

Trois ans plus tard, le maréchal écrivait à ce même frère Alexandre, dont la santé ne se rétablissait pas :

« ... Je sais que vous vous tourmentez de ne pouvoir pas être dans l'armée et que vous avez la crainte que cela diminue mes sentiments pour vous. Cette idée, mon cher Alexandre, ne me prouve que trop votre maladie, car sans cela vous ne vous mettriez pas de pareilles chimères dans la tête ; je suppose que vous ne me supposez ni ridicule, ni injuste. Croyez que les sentiments d'attachement que je vous porte seront éternels ; n'allez pas les juger sur ma correspondance : l'expérience vous a appris que j'ai toujours été paresseux pour vous écrire et que mon cœur a toujours été chaud pour vous aimer. »

Ces courts extraits de la correspondance
du maréchal prouveront comment il savait
concilier les affections de la famille, qui
chez lui occupaient une si grande place, avec
le sentiment de l'équité qui fut la règle de sa
vie : la citation offrira peut-être une saveur
et une opportunité toutes particulières à
l'heure où nous avons le bonheur de vivre.

Le livre de Mme de Blocqueville se termine par une notice généalogique sur la famille de son père, puisée aux sources les
plus authentiques, sur cette antique race de
la Bourgogne dont le nom a souvent varié
dans son orthographe, qui s'est appelée tan-
tôt d'Avolt, d'Avot, d'Avout, Davout (comme
signait le maréchal) et qui depuis le quatorzième siècle a fourni à la France un grand
nombre de glorieux soldats. Il ne faut pas
voir, dans ce pieux soin de la fille du maréchal, une puérile satisfaction aristocratique :
le vainqueur d'Auerstaedt et d'Eckmühl
n'avait pas besoin d'ancêtres et pouvait être
à lui tout seul le fondateur d'une glorieuse
race ; mais il n'était pas sans intérêt, pour
compléter la réfutation de quelques écrivains
fantaisistes qui avaient voulu faire du maréchal Davout un homme sans éducation, de
dire celle qu'il avait reçue, de montrer d'où il
venait ; il pouvait être opportun aussi, sur
ce monument élevé à la gloire de son père,

d'écrire que si les familles plébéiennes four-
nirent, pendant la grande lutte qui com-
mença à la fin du siècle dernier, cette brillante pléiade à la tête de laquelle figuraient
Hoche, Marceau, Masséna, Ney, Lannes,
etc., la noblesse française, fidèle à ses traditions et jalouse de son plus beau privilège,
celui de porter les armes pour le service de
la Patrie, donna son contingent dans lequel
figurent surtout deux noms qui ne le cèdent
à aucun : Davout et Désaix, deux émules,
deux amis.

Le premier volume de l'important ouvrage
de Mme de Blocqueville doit être suivi de
deux ou trois autres, qui continueront à
montrer le maréchal dans les grandes opé-
rations militaires qu'il a dirigées, dans les
postes importants qu'il a occupés, mais toujours en se préoccupant plus du côté intime
de l'*homme* que de celui du *héros*; nous fai-
sons des vœux pour que cette publication
se poursuive rapidement, et pour que l'auteur, avec un légitime orgueil, et aux ap-
plaudissements des admirateurs de l'illustre
maréchal Davout, puisse bientôt dire : *Exegi
monumentum...* Cette importante publication
est aujourd'hui terminée et les trois derniers
volumes ont tenu tout ce qu'avait fait
espérer le premier.

VARIA

UN CHAPITRE IGNORÉ

L'HISTOIRE D'UNE GRANDE REVUE

(*Figaro.* — Juin 1877.)

DANS le numéro du 1ᵉʳ juin de la *Revue des Deux-Mondes*, un de ses rédacteurs les plus autorisés, M. Ch. de Mazade, a publié sur son ancien directeur, François Buloz, une intéressante étude et a raconté en même temps les phases diverses par lesquelles a passé cette importante publication avant d'atteindre le degré de prospérité où elle est aujourd'hui arrivée. Je n'oserais pas répondre que le portrait n'est pas un peu flatté, mais en somme il est ressemblant et l'on peut passer à l'ami d'avoir un peut embelli le modèle. Quant à l'histoire de la *Revue*, elle est parfaitement exacte, et ce n'est pas au *Figaro* que l'on a le droit de douter qu'une forte volonté, une intelligente et persistante activité puissent jouer un grand rôle dans la fortune d'un journal.

Je voudrais, toutefois, compléter cette histoire en racontant un épisode qui n'est pas sans intérêt et que M. de Mazade a certainement ignoré.

Au commencement de 1841, le ministère du 29 octobre se préoccupait beaucoup de l'appui que continuait à donner au chef du cabinet précédent la *Revue des Deux Mondes* ; après d'infructueux essais pour désarmer une hostilité dont il était vivement contrarié, M. Guizot avait bien eu la pensée de faire acquérir par quelques-uns de ses amis le recueil dont la prospérité n'était pas alors en proportion de son importance. Mais il fallait trouver quatre cent mille francs; on fit des ouvertures à M. Duchâtel qui était déjà plusieurs fois millionnaire ; mais le ministre de l'Intérieur, financier habile et prudent, aimait les placements sûrs ; il fit la sourde oreille et la tentative échoua.

La propriété de la *Revue des Déux-Mondes* était alors entre les mains de M. Buloz pour un quart, et les trois autres quarts appartenaient aux frères Bonnaire, qui étaient *trois* et non pas deux, comme le croit M. de Mazade : Florestan, Félix et

Henri, fils du baron Bonnaire, un des préfets distingués du premier Empire.

Florestan, grâce à un riche mariage, était alors millionnaire et à la tête d'une importante étude de notaire qu'il négligeait un peu pour s'occuper d'affaires plus agréables, mais moins sûres ; il commanditait les frères Coignard au Vaudeville, et par l'entremise d'Alexandre Bixio, son ami, il avait acquis pour lui et ses deux frères, la plus grande partie de la *Revue des Deux Mondes*, dont Bixio était le vrai fondateur ; il aimait à recevoir dans ses salons du boulevard Saint-Denis l'état-major de l'important recueil, et il faisait agir ce puissant levier en vue d'une candidature à la députation, à laquelle il arriva bientôt.

Félix se contentait de la modeste position de gérant de la *Revue de Paris*, qui avait été annexée à sa sœur aînée. Henri, le plus jeune des trois frères, était *inspecteur des finances !* Il aimait beaucoup le plaisir, n'avait pas beaucoup d'argent, et c'était lui qui était le plus pressé de vendre la *Revue*, qui, disait-il, ne lui rapportait ni profits, ni honneurs. Ce fut donc à lui qu'on s'adressa et sous ses auspices que fut entamée la négociation suivante :

Depuis trois ans que les jeux publics étaient supprimés, plusieurs tentatives avaient été faites pour les rétablir dans des proportions plus restreintes et dans des conditions de nature à faire disparaître les abus et à augmenter les garanties. On avait fait agir de hautes influences et notamment deux des plus importants fonctionnaires du temps, que leur *crédit* et leur situation notoirement obérée désignait aux compétiteurs, avaient fait d'actives démarches qui toutes avaient échoué.

Un de ceux qui aspiraient le plus ardemment à obtenir un privilège était un homme bien connu des joueurs d'alors, M. Ardoin, dit le *Bancal*, chez lequel se réunissaient, toutes les nuits, des jeunes gens appartenant au meilleur monde et dont un des plus étrillés fut le prince de Capoue; incomplètement satisfait des très jolis bénéfices que lui procurait sa petite industrie, sur laquelle M. Delessert, le préfet de police d'alors, malgré son austérité, fermait les yeux, et sachant bien les risques qu'il courait, M. Ardoin désirait vivement régulariser cette situation. Voici donc la combinaison qu'Henri Bonnaire fut chargé par lui de proposer à M. Guizot:

Il serait autorisé à donner des *soirées* dans un bel appartement de la place Vendôme, où l'on ne serait admis que sur lettres d'invitation et dont une *vraie* marquise du faubourg Saint-Germain et un *vrai* général de l'Empire feraient les honneurs ; il y aurait eu un commissaire de surveillance nommé par le gouvernement ; enfin on n'aurait joué, comme jeu de hasard, que le *trente et quarante*. En échange de ce privilège, M. Ardoin donnait quatre cent mille francs pour l'acquisition de la *Revue* et, *confidentiellement*, tenait en réserve cent mille francs pour les *commissions* qui auraient pu être nécessaires.

M. Guizot accueillit très gracieusement le négociateur et lui dit que, pour son compte, il ne ferait pas d'objection, mais que la presse était là, et qu'il serait bien difficile d'échapper à sa censure. Au surplus, ajouta-t-il, causez de cela avec Génie... C'était en effet à M. Génie, son chef de cabinet, que l'éminent président du conseil avait l'habitude de confier les affaires de cette nature, et l'on pouvait être sûr — dans les conditions surtout où celle-là se présentait, — de trouver auprès de lui un accueil favorable.

Malgré sa dextérité et sa bonne volonté, le chef de cabinet échoua ; il fallut porter l'affaire au conseil des ministres, consulter M. Delessert, qui se montra intraitable, et malgré le très vif désir que l'on avait d'acquérir à si bon marché la *Revue des Deux-Mondes*, on fut obligé d'y renoncer.

Ce ne fut donc que cinq ans après qu'une

nouvelle combinaison, celle-là plus régulière, fut menée à bonne fin. Les frères Bonnaire étaient plus désireux que jamais de vendre leur part de la *Revue*, et, cette fois, c'était à l'unanimité, car Henri avait été obligé de donner sa démission d'inspecteur des finances — en raison de l'état des siennes — et de quitter la France; Florestan lui-même, bien qu'alors député du Cher et toujours dans une situation brillante en apparence, devait ressentir les premiers symptômes de ce qui devenait pour lui, un an plus tard, une véritable catastrophe financière. Leur part fut donc achetée en 1846, comme le raconte M. de Mazade, par un groupe d'hommes politiques, la plupart amis de M. Thiers, et une nouvelle société, dont Buloz était le directeur, fut constituée.

On peut lire dans l'intéressant travail de M. de Mazade ce que devint cette opération et la grande prospérité qui succéda à quinze années de rudes épreuves, malgré les appréhensions que causaient à ses associés les fonctions de directeur du Théâtre-Français qui avaient été confiées en 1838 à M. Buloz, par le ministère Molé, en récompense, il faut bien le dire, des services politiques qu'il rendait. « Il se faisait illusion à lui-même, dit M. de Mazade, sur les inconvénients de ce double gouvernement qui divisait ses forces, qui aurait fini peut-être par égarer son activité. Que serait-il arrivé ? La révolution du 24 février 1848 se chargeait de trancher la question par une brutale destitution, et les maîtres du jour, en frappant le directeur du Théâtre-Français, ne savaient pas à quel point ils servaient ce jour-là Buloz lui-même aussi bien que la *Revue*, en rendant l'homme tout entier à l'œuvre pour laquelle il était fait et dont il allait avoir désormais à s'occuper sans partage. »

Ajoutons que le triomphateur du jour, M. Ledru-Rollin, faisait à Buloz l'honneur de lui donner pour compagnon de disgrâce l'un de ses plus illustres collaborateurs, Alfred de Musset, auquel il enlevait sa modeste place de bibliothécaire du ministre de l'intérieur.

Pour compléter ce récit d'un épisode déjà bien loin de nous, pendant que Buloz était en train de devenir millionnaire, disons ce que devenaient ses anciens copropriétaires de la *Revue*, les frères Bonnaire.

Florestan, après sa catastrophe financière, obtenait, vers la fin de 1848, grâce à la protection de son ami Bixio, qui, il faut le dire, n'oubliait pas les services rendus, la modeste place de chancelier du consulat de France à Nice, où il se trouvait, par une singulière fantaisie de la fortune, sous les ordres de

Léon Pillet, l'ancien directeur de l'Opéra,
qu'il invitait à ses fêtes, au moment de leur
splendeur commune. Cette humble place fut
supprimée en 1860, par suite de l'annexion
de Nice à la France, et l'on donna en échange
à Florestan la place plus lucrative d'entre-
poseur des tabacs à Nice. C'est cette place
qu'un autre triomphateur sollicitait en 1871
pour un frère et ami, comme nous l'a raconté Alphonse Karr dans ses spirituelles
causeries. Aujourd'hui, Florestan est à la retraite, et en vrai philosophe, toujours de
bonne humeur, sans trop regretter ses grandeurs passées, il achève une existence déjà
longue et un peu agitée dans ce beau pays de
Nice, auquel son nom de Florestan semblait
le prédestiner, car un autre Florestan, le
souverain d'un *Etat* voisin, y florissait, il y
a une trentaine d'années.

Félix, après avoir été pendant longtemps,
comme gérant des deux *Revues,* en relations
avec l'élite de la littérature contemporaine,
est mort obscurément, il y a une vingtaine
d'années, occupant, dans je ne sais plus
quelle administration, un modeste emploi
que Bixio lui avait fait obtenir.

Enfin Henri, après avoir fait un plongeon
de quinze ans et parcouru une odyssée qu'il
serait difficile de raconter, a reparu, il y a
une quinzaine d'années, à Paris, *millionnaire*

à son tour, grâce à la concession du *Canal-Cavour*, due... toujours à Bixio. Mais cette résurrection a été de courte durée et il est mort *reruiné* en 1873.

Quant à Ardouin, le célèbre *Bancal*, inconnu de la génération qui pratique aujourd'hui les exercices qui lui avaient si bien réussi, il est mort il y a une quinzaine d'années, laissant une fortune de quatre à cinq millions dont le plus beau joyau est l'hôtel de la rue Royale — depuis sa fondation, occupé par le cercle élégant vulgairement connu sous le nom de *Moutards-Club*, où l'on entend quelquefois encore, paraît-il, les échos traditionnels du : « *Rien ne va plus* », entre minuit et cinq heures du matin.

Conclusion, si vous le voulez : la vertu trouve tôt ou tard sa récompense.

LES MÉTAMORPHOSES

DU

JOURNAL DES DÉBATS

(Figaro. — Novembre 1877.)

BIEN que, sous ce titre, le *Figaro* ait publié, il y a peu de temps, une intéressante étude, comme elle offre quelques lacunes et que du reste le sujet est inépuisable, il ne sera pas hors de propos de la compléter aujourd'hui par quelques détails qui ne seront pas sans intérêt.

C'est surtout en racontant ses origines et en faisant péremptoirement justice de cette légende sur laquelle le *Journal des Débats* a vécu pendant près d'un demi-siècle, la prétendue spoliation dont il aurait été victime de la part du premier Empire, c'est en citant à ce sujet des documents irréfragables, que l'article du *Figaro* a bien mérité de l'histoire contemporaine; toutefois dans cette étude rétrospective, il y a un oubli qu'il est bon de réparer : c'est une perle qui ne doit pas manquer à ce riche écrin.

Au commencement de son ministère, M. de Martignac, qui tenait à reconquérir l'appui des *Débats* que M. de Villèle avait perdu à la suite de sa rupture avec Chateaubriand, et qui savait le prix qu'il fallait y mettre, fit venir M. Bertin aîné et, sans ambages, lui dit : « Il est bien entendu que la subvention sera renouvelée. — Sans doute, répliqua M. Bertin, mais l'*arriéré*? — Va pour l'arriéré », répondit en souriant et sans trop se faire prier, l'aimable ministre.

Cette anecdote a été publiée pour la première fois par M. de Guernon-Ranville qui la tenait de Charles X, mais elle était connue depuis longtemps, et le vénérable Michaud, de la *Quotidienne*, qui la savait sans doute par la même source, aimait à la raconter.

Mais c'est surtout pour les métamorphoses qui ont suivi la mort d'Armand Bertin, que l'article du *Figaro* a besoin d'être complété.

C'était une physionomie curieuse, dans la presse parisienne, que celle d'Armand Bertin. Esprit sagace, lettré, sans entraînements et sans trop de scrupules, il avait succédé à son père, sans dommage pour la maison, dans le gouvernement d'un journal avec lequel, depuis son origine, tous les gouvernements avaient compté, et qui restait une puissance.

Armand Bertin ne pouvait pas dire, comme l'illustre Berryer, dans un mouvement de modestie très exagérée, si elle était sincère : « Je ne sais ni lire ni écrire » ; il lisait au moins aussi bien que M. Legouvé ; mais ce qu'il y a de certain, c'est qu'il n'a pas écrit cent lignes dans le journal qu'il a si long-temps dirigé, et je ne saurais oublier le dépit peu dissimulé avec lequel, dînant au *Café de Paris* en compagnie de Véron et de quelques autres habitués, il apprit que la Chambre venait de voter la loi *Tinguy* et *Laboulie*, au sujet des signatures, loi aujourd'hui un peu tombée en désuétude.

Véron en prit bravement son parti et se mit à faire et à signer des articles dans son journal le *Constitutionnel*, mais la feuille de la rue des Prêtres fut, comme par le passé, sevrée de la prose de son directeur.

Et, cependant, il est juste de le dire, ce n'était point une sinécure que la direction des *Débats* dans les mains d'Armand Bertin. Bien que la politique y fût encore alors trai-tée par les *anciens*, par des hommes qui s'appelaient de Sacy, Saint-Marc-Girardin, etc., il n'était jamais étranger à l'inspiration,

et il ne signait jamais son journal sans l'avoir
lu depuis la première ligne jusqu'à la dernière.

Les piquants détails donnés par l'article du
Figaro sur l'attitude d'Armand Bertin à
l'époque du coup d'Etat sont très exacts ;
le directeur des *Débats* n'était point un Spartiate, il comprit la situation et se résigna
d'assez bonne grâce.., en apparence, sauf à
se dédommager dans quelques salons par la
petite guerre d'épigrammes, qui n'osait pas
encore se produire dans le journal.

Mais ce n'est pas immédiatement après le
coup d'Etat, comme semble le croire l'auteur de l'article que je viens de citer,
que mourut Armand Bertin ; ce n'est qu'en
1854 qu'il fut enlevé en quelques heures,
et pendant près de trois ans il avait, en pilote
expérimenté et prudent, dirigé sa barque au
milieu des récifs dont il n'ignorait pas les
dangers.

Cette mort subite jeta un grand désarroi
dans la rédaction des *Débats*, et pour que le
nom de Bertin, qui en était depuis plus d'un
demi-siècle la personnification, continuât à
figurer au bas du journal, il fut décidé à
l'unanimité que l'on ferait une démarche
auprès d'Edouard Bertin pour l'engager à
accepter la succession politique de son frère.

Edouard Bertin, peintre laborieux, esprit

calme et bienveillant, étranger à la politique et au fond rallié à l'Empire, tenant avec raison aux douceurs d'un intérieur charmant, se fit beaucoup prier pour accepter la lourde tâche qui lui était offerte ; cependant, il se résigna.

Mais ce dut être une source de rudes épreuves pour cet excellent homme, que ce gouvernement remis ainsi si subitement, et malgré lui, entre ses mains inexpérimentées ; tâche d'autant plus lourde que bientôt les anciens se retirèrent. M. de Sacy accepta, sans trop se faire prier, un fauteuil au Sénat, M. Saint-Marc-Girardin, auquel on n'en offrit point, se dédommagea des déceptions de la politique, en reprenant ses travaux littéraires ; la place fut livrée aux *jeunes*.

Ce fut alors que régna surtout cet esprit charmant qui allait chercher ses inspirations à la place Saint-Georges et excellait dans l'allusion transparente et l'épigramme voilée ; triste existence au demeurant, dont on ne prévoyait alors ni l'élévation subite ni la fin lamentable et encore inexpliquée.

Dans cette période orageuse, Edouard Bertin, pour calmer les indisciplinés, recevait quelquefois un coup d'épaule de son cousin le général Bertin de Vaux, avec lequel il fallait compter. En effet, le général, fils unique de M. Bertin de Vaux, fondateur, avec son frère, du journal des *Débats,* avait une part considérable dans la propriété ; il avait accepté un commandement du gouvernement impérial, et, lorsque la mesure lui semblait trop dépassée, il demandait impérieusement que l'on mît une sourdine.

Ce fut au commencement de cette période et peu de temps après la mort d'Armand Bertin que se produisit un double évènement qui n'eut alors que le caractère d'un fait privé, mais devait, plus tard, prendre de plus grandes proportions.

Armand Bertin avait laissé deux filles, charmantes personnes, en âge d'être mariées, et dont la fortune consistait uniquement dans la part de propriété des *Débats* que leur avait laissée leur père, veuf depuis quelques années. Epicurien et aimant à bien vivre, Armand ne possédait en dehors de cette part de propriété que deux choses : une bibliothèque et une cave, qui n'étaient pas les moins bien fournies de Paris. En somme cette situation représentait pour chacune des jeunes filles une trentaine de mille livres de rente et ce n'étaient pas de mauvais partis.

L'aînée épousa M. Bapst, dont la seule notoriété était alors d'être un des premiers bijoutiers de Paris, non pas un bijoutier *en faux,* comme certain député de la Seine que

je pourrais nommer, mais un bijoutier *en
vrai,* et en position de fournir un collier à la
reine la plus exigeante.

Il faut bien dire que, dans le monde auquel
appartenaient les Bertin, dans cette aristocratie bourgeoise, plus exclusive peut-être
que l'aristocratie ancienne, cette union fut
regardée comme une mésalliance, et nous
nous rappelons les hauts cris que jeta à ce
sujet une jolie femme du corps diplomatique
dont Armand Bertin avait été le familier et
dont M. Bapst était le fournisseur.

Peu de temps après, la seconde fille d'Armand Bertin épousa M. Léon Say. Là il n'y
eut rien à dire; M. Léon Say, en possession d'une belle fortune, portait un nom
auquel son aïeul, l'économiste, avait fait une
honorable notoriété ; il promettait lui-même
de marcher sur ses traces ; il n'y eut donc
pas de réclamation.

Pendant plusieurs années les deux jeunes
gens eurent aux *Débats* une attitude fort
modeste, et on se serait bien gardé alors de
dire comme aujourd'hui, *la feuille de
M. Bapst ;* mais après la chute de l'Empire,
lorsque ceux qui, quinze ans auparavant,
étaient les *jeunes,* furent remplacés par une
nouvelle génération moins autorisée, et qu'il
ne resta plus guère de l'ancien personnel politique que l'homme d'esprit qui y tenait alors

l'emploi des ténors légers et dont la voix un peu fatiguée a eu le tort de s'enfler outre mesure dans ces derniers temps, — à cette époque que nous pourrions sans irrévérence appeler l'époque de la décadence d'un grand journal, les deux gendres d'Armand Bertin, par suite des vides qui s'étaient faits autour d'eux, prirent une position prépondérante dans la propriété et par suite dans la direction des *Débats*.

Ce n'est donc pas sans motif, quoique la chose semble un peu bizarre au premier aspect, que dans l'intéressante revue du *New-Yorck-Herald* publiée dernièrement par le *Figaro*, on a pu lire le dialogue du correspondant américain et de M. Bapst au sujet de la situation.

Quelques personnes naïves ont pu s'étonner de l'importance que le journaliste d'outre-mer attachait à connaître l'opinion de *monsieur Bapst* sur la politique du Maréchal et le résultat des élections. Mais par le temps de *surprises* où nous vivons, il ne faut s'étonner de rien, et il est probable que nous en verrons bien d'autres.

UN SOUVENIR

A PROPOS DE CRÉTINEAU-JOLY

(*Paris-Journal.* — 10 janvier 1875.)

Si la mort a ses rigueurs à nulle autre pareilles, elle a cela de bon qu'elle fait revivre pendant quelque temps des gens auxquels on ne pensait plus guère. C'est ce qui est arrivé pour M. Crétineau-Joly. Profitons des délais, qui sont bien près d'expirer, pour raconter quelques détails qui n'ont pas figuré dans les souvenirs rétrospectifs publiés à l'occasion de la mort de cet écrivain.

Parmi les ouvrages assez nombreux dont il fut l'auteur, personne n'a parlé de l'*Histoire des traités de* 1815, ouvrage qui fut

publié sous son nom, renferme des détails
assez curieux, et pour lequel il eut un collaborateur qui fut, dans son temps, un homme
politique d'une certaine importance, le
baron Dudon, mort il y a une quinzaine
d'années.

L'histoire des relations de Crétineau-Joly
avec le baron Dudon est assez curieuse.
Possesseur d'une grande fortune, très au
courant des détails les plus intimes de l'histoire contemporaine, l'ancien ministre d'État
de la Restauration était très laborieux et
aurait aimé à publier le fruit de ses travaux ;
mais en butte pendant longtemps aux attaques
des journaux petits et grands, il n'aimait pas
livrer son nom à la publicité et avait été
heureux de trouver dans Crétineau-Joly
un collaborateur intelligent, attaché aux
mêmes opinions que lui et qui, en publiant
leurs travaux communs sans son nom, lui
épargnait les ennuis qu'il redoutait.

Cette collaboration amena entre l'homme
politique et l'écrivain une grande intimité,
qui se traduisit un jour d'une singulière
façon.

Le célèbre financier Aguado était mort,
et ses héritiers ne voulurent pas lui succéder
dans l'opération qu'il avait acceptée de faire
le cautionnement de l'Opéra. Nestor Roqueplan, qui en avait alors la direction, pressé

de se mettre en règle, s'adressa, comme intermédiaire, au baron L..., qui était un habitué de l'Opéra, occupait une place assez importante dans le high-life parisien, mais n'était guère en mesure de résoudre personnellement le problème. Le baron L..., qui était, ou du moins se croyait l'ami du baron Dudon, alla lui proposer l'affaire, et lui en exposa tous les détails nécessaires, les avantages, les *agréments* et la parfaite sûreté au point de vue financier.

Après avoir bien écouté *son ami*, le baron Dudon se borna à lui répondre qu'il n'aimait pas ce genre de placements, et l'éconduisit poliment.

A peine le négociateur avait-il tourné les talons, que le baron Dudon envoyait chercher en toute hâte Crétineau-Joly, et, aussitôt que celui-ci fut arrivé, il lui dit : « Voici ce que l'on vient de me proposer ; l'affaire me convient, et je veux vous faire profiter des avantages que l'intermédiaire a le droit de stipuler pour son compte. Allez trouver M. Nestor Roqueplan, dites-lui que vous avez son affaire et faites vos conditions ».

Crétineau-Joly n'en demanda pas davantage. Il fut bientôt auprès de Nestor et l'affaire fut promptement conclue. Parmi les avantages qui lui furent attribués, à lui personnellement, figuraient deux stalles d'orchestre pour toutes les représentations, places qu'il n'occupa jamais, bien entendu, mais dont il tira bon parti.

Pour lui, c'était habituellement dans les coulisses qu'il assistait à toutes les représentations pendant la durée de l'exploitation de Roqueplan, et il était assez piquant de voir ce *saint homme* se promener au milieu des maillots sous prétexte d'inspecter le matériel.

Quant au baron Dudon, il ne voulut pas causer à la famille Aguado le déplaisir de lui enlever sa belle avant-scène des premières qui était le privilège du bailleur de fonds du cautionnement. Il se contenta de la petite loge de rez-de-chaussée sur la scène qui fut plus tard louée jusqu'à sa mort au docteur Véron. Lorsque la liste civile, mettant fin à la gestion malheureuse de Roqueplan, reprit la direction de l'Opéra, la loge du baron lui fut supprimée ; de là, un procès assez curieux, qui donna lieu à un brillant tournoi de parole entre MM. Dufaure et Chaix-d'Est-Ange, et fut en définitive perdu par le baron.

Cette opération n'avait fait que resserrer les liens qui existaient entre le baron et Crétineau-Joly ; celui-ci en avait été un peu grisé, et avait laissé plusieurs fois et assez indiscrètement percer l'espérance de recueillir une part importante de la succession du baron. Quelques années plus tard et au delà de quatre-vingts ans, le baron mourut, laissant une succession de cinq millions, et faisant à Crétineau l'insigne honneur de le nommer son exécuteur testamentaire... Mais, amère déception ! son lot se borna à la bibliothèque du baron, qu'il vendit une quinzaine de mille francs. — *Sic transit gloria mundi.*

*
* *

J'écrivais ces souvenirs sur Crétineau-Joly quelques jours après sa mort; en leur donnant place aujourd'hui dans ce volume, je crois devoir revenir avec un peu plus d'étendue sur la personnalité assez curieuse de son protecteur, le baron Dudon.

Une des inspirations les plus malheureuses du roi Louis XVIII, en reprenant possession du trône de ses pères, ce fut de confier des fonctions très importantes à des hommes qui n'y avaient guère d'autre titre que de se présenter comme des victimes de l'*Usurpateur.* Que le monarque s'entourât alors, même dans des proportions exagérées, des compagnons fidèles de son exil, de ceux qui avaient volontairement partagé sa mauvaise fortune, il n'y avait là rien que de naturel ; mais qu'un esprit aussi sagace, aussi maître de lui, que Louis XVIII, pût faire une part aussi large à des personnages qui ne pouvaient se recommander à sa faveur que par des griefs plus ou moins fondés contre le pouvoir déchu, à défaut d'un dévouement de moins fraîche date envers le pouvoir nouveau, voilà ce qu'il est bien difficile de comprendre.

Dans cette catégorie je ne citerai que trois noms merveilleusement propres à justifier l'étonnement que j'exprime : le premier est le général Dupont, auquel le nouveau roi confia le portefeuille de la guerre et dont le principal titre à cette haute faveur était la capitulation de Baylen et, si l'on veut, la sévérité qu'elle provoqua de la part de l'empereur : choix d'autant plus malheureux qu'au bout de quelques mois ce portefeuille fut retiré pour cause d'incapacité.

Le second offrait un exemple encore plus inexplicable ; c'était un obscur général que le proconsul Rossignol, dans sa mission en Vendée, avait trouvé capitaine et dont il avait fait, en quelques mois, un général de division, (novembre, 93). En raison de cette origine, ce général, bien qu'il fût presque le plus ancien de son grade, ne put jamais obtenir le commandement d'une division active pendant toute la durée de l'Empire et fut obscurément relégué dans le commandement de quelques places fortes. Aussi il n'avait obtenu aucun titre, et à la chute de l'Empire, il était simple légionnaire. Cette seconde victime, en récompense d'un dévouement aussi bruyant que récent, reçut l'important commandement de la division de Lyon et là, dans ces premières années si troublées du commencement de la Restauration, il s'arrangea de façon à organiser une conspiration qui fut un des épisodes les plus curieux de ce temps-là, et qui motiva la haute mission que le gouvernement confia au maréchal Marmont, et à la suite de laquelle il apprécia avec une légitime sévérité la conduite du général nouvellement converti. Le personnage dont il s'agit est le général Canuel.

Enfin la troisième victime, celle dont le nom a provoqué cette digression et dont je veux parler avec plus de détail, fut le baron Dudon.

Sans descendre de l'un des héros du Tasse, comme il en affichait quelquefois la prétention, M. Dudon appartenait à une très bonne famille parlementaire de Bordeaux ; au moment de la Révolution, son père était procureur général au parlement de cette ville et

fut l'une des victimes de la Terreur. A la création du conseil d'État de l'Empire, le jeune
Dudon, qui avait fait de très bonnes études de
droit, fut nommé auditeur et peu de temps
après, tout en conservant ce titre, substitut
du procureur impérial près le tribunal de la
Seine ; il quitta ce poste au bout de peu de
temps, pour occuper, grâce à la protection de
Cambacérès, celui de secrétaire général du
Conseil du sceau des titres, dont l'archi-
chancelier était le président.

Dans cette position, très grassement rétri-
buée, le jeune auditeur contribua pour sa
part à la constitution de la noblesse impériale et il ne s'oublia pas, car il se fit donner
le titre de baron. Après avoir occupé ce poste
pendant deux ou trois ans, il fut nommé
maître des requêtes et ensuite envoyé en
Espagne comme intendant général de l'armée
du Nord que commandait alors le maréchal
Bessières. Le général Dorsenne, qui remplaça
le maréchal dans ce commandement, eut
avec le baron Dudon une mésintelligence
assez vive au sujet de leurs attributions
respectives et celui-ci ayant, à ce propos,
menacé de donner sa démission fut vertement
tancé dans une lettre que lui écrivit Berthier
par l'ordre de l'empereur ; mais il était déjà
en route pour Paris lorsque la lettre parvint
à sa destination et, à son arrivée, il fut

immédiatement envoyé à la prison de Vincennes par le ministre de la guerre, le duc de
Feltre. Il n'y resta que peu de temps, mais
il fut en disgrâce jusqu'à la fin de l'Empire
et les faveurs dont il avait été comblé par ce
gouvernement ne désarmèrent point son
ressentiment.

Aussi, à la rentrée des Bourbons, le baron
Dudon fut-il des premiers à offrir ses services
au nouveau gouvernement et, comme ces
dévoûments de fraîche date ne reculent habituellement devant aucune épreuve, ce fut à
lui que M. de Talleyrand confia la triste
mission d'aller à Blois réclamer les diamants
de la couronne à l'impératrice Marie-Louise.
M. Dudon remplit cette mission avec toute
la rigueur possible ; il ne se borna pas à la
réclamation des diamants de la couronne,
il fit encore main basse sur tout ce qui
était la propriété privée de l'ex-impératrice,
y compris sa vaisselle et jusqu'au linge et aux
habits de Napoléon...

Arrivé à la Chambre des députés, il y prit
place parmi les membres les plus violents
de l'extrême droite et ce fut lui qui, lors de
la vérification des pouvoirs, contesta, sans
succès, la nationalité de Benjamin Constant.

Mais, sous le ministère du duc de Richelieu, il fut brusquement révoqué de sa position de membre de la commission de liqui-

dation de l'indemnité à payer aux *alliés*. Les bruits les plus fâcheux au sujet de sa probité furent alors propagés par la haine trop motivée de la presse libérale; bien que je n'aie aucune raison pour être bienveillant à l'égard de M. Dudon, j'ai été assez initié à ses affaires privées pour pouvoir affirmer que c'était là une calomnie et que la fortune de cet homme politique, si vulnérable à tant d'endroits, pouvait très légitimement se justifier sans que sa probité eût rien à en souffrir. Toujours est-il que, pendant toute la durée du gouvernement de la Restauration, M. Dudon fut la tête de Turc, surtout des petits journaux de l'opposition, qui ne l'appelaient que le *cosaque du Don*.

A sa dernière élection à la Chambre des députés par le grand collége de Nantes, le *Figaro* du temps le poursuivait de plaisanteries comme celles-ci : « M. Dudon a été nommé député à Nantes, le lendemain la Loire était *prise*. — M. Dudon n'a fait que *voler* de Nantes à Paris », etc., etc.

Pendant près de trente ans qu'il vécut encore après la chute du gouvernement de la Restauration, le baron Dudon resta complètement étranger à la politique, mais sa verte vieillesse fut toujours occupée par *divers* travaux dans lesquels il eut Crétineau-Joly pour collaborateur.

CURIEUX MAGISTRAT

(Paris-Journal. — Novembre 1875.)

L E succès obtenu ces jours-ci par un chroniqueur en rappelant une anecdote qu'aimait à raconter le président Girardin, et que la plupart des journaux ont reproduite, nous engage à la compléter.

C'est dans un procès criminel, celui de Poulmann, un affreux coquin qui, après avoir commis des vols nombreux, avait couronné sa carrière en assassinant, dans des circonstances horribles, un pauvre aubergiste du département de l'Yonne, que l'incident se produisit.

Poulmann comparut devant les assises de

la Seine, présidée par M. Didelot, conseiller
à la cour royale de Paris, et ce fut dans
son interrogatoire que ce magistrat prononça
la phrase très authentique et restée célèbre du
« loup qui doit travailler quand il a faim ».

Mais ce n'est pas avec emportement,
comme le dit le chroniqueur, que le président Didelot prononça la fameuse phrase;
c'est de l'air paterne et sentencieux qui lui
était familier; M. Didelot était un Joseph
Prudhomme en robe rouge. Au reste, la
réflexion relative au loup n'est pas la seule
qui jeta quelque gaieté sur ce lugubre procès.

Parmi les nombreux vols que Poulmann
avait commis avant de passer à l'assassinat,
il y en avait un qui révélait une grande
audace : il fut commis au ministère des travaux publics, alors occupé par M. Teste,
pendant une soirée qu'il donnait à l'occasion
du mariage de son fils. Poulmann était en
train de dévaliser la chambre à coucher du
nouveau marié, lorsqu'il entendit les pas de
quelqu'un qui s'approchait; craignant d'être
dérangé dans son opération, il s'esquiva par
une fenêtre et grimpa sur un toit; il racon-
tait d'une façon très pittoresque cette auda-
cieuse expédition, lorsque le président Didelot
l'interrompit et lui dit paternellement :
« Mais savez-vous, Poulmann, que vous étiez
fort imprudent : vous pouviez vous tuer ».

Un peu après, Poulmann, qui vivait en concubinage avec une femme mariée, raconta que, fuyant Paris avec sa maîtresse, il savait que le mari était sur leurs pas : « Notre *tyran* nous poursuivait... — *Il en avait bien le droit* », interrompit le président de sa voix la plus solennelle.

C'est ainsi que ce procès, qui se termina par une condamnation à mort, fut émaillé de réflexions quelque peu drôlatiques par le magistrat qui le dirigeait.

Cela n'empêcha pas M. Didelot d'être nommé, quelques années plus tard, au mois d'avril 1844, procureur général à la cour royale de Caen. C'est là que l'attendait une mésaventure qui dépassa de beaucoup les naïvetés du procès Poulmann et eut alors un grand retentissement. Chargé du discours de rentrée, M. Didelot prit pour sujet de ce discours l'éloge de Malesherbes et, le confondant avec Malherbe le poète, il ne manqua pas de rappeler que c'était la ville de Caen qui avait eu l'honneur de lui donner le jour...

L'*erreur* fit un tel bruit que le garde des sceaux d'alors s'empressa de changer M. Didelot de résidence, et l'envoya comme procureur général à Bourges. C'est à ce propos que le rédacteur de la chronique de la *Revue de Paris* fit cette maligne réflexion : « C'est sans doute comme épigramme que M. le garde des sceaux, après la mésaventure de M. Didelot, l'a envoyé s'asseoir à Bourges, dont on connaît les armes (un âne dans un fauteuil). »

On pourrait peut-être s'étonner qu'après de pareilles... naïvetés, on se soit borné, pour M. Didelot, à un simple changement de résidence, et qu'on ne se soit pas privé de ses services. Mais l'étonnement cessera, si on se rappelle que M. Didelot était député et faisait partie de cette armée de fonctionnaires qui constituait alors le tiers de la Chambre et sur le vote desquels tous les ministres pouvaient compter... à la condition d'entretenir leur fidélité par de l'avancement.

On peut consulter à ce propos un recueil très curieux et devenu rare, la *Revue rétrospective*, publiée en 1848 par M. Taschereau ; on y trouvera, à la page 191, une curieuse lettre du même M. Didelot, qui, fatigué d'être depuis deux ans à Bourges, sollicitait vivement le ministre... *de la guerre* pour obtenir la première présidence de la cour de Nancy, et envoyait à l'appui de sa demande ses états de services, qui occupent deux pages et où figure cette note : « *Avril* 1840. — Nommé conseiller à la cour royale de Paris, où il présida presque constamment les assises .»

ESTHER GUIMONT

(Figaro. — 17 novembre 1879.)

AR respect pour l'histoire contemporaine, il faut conserver son vrai
nom à ce personnage récemment
enlevé au cadre de réserve de la galanterie
parisienne, et qui, à l'époque déjà bien éloi-
gnée de sa célébrité, fut beaucoup plus connu
sous le nom de guerre du *Lion*. Le *Figaro*
a le devoir de dire aux générations nouvelles,
qui pourraient l'ignorer, ce que fut cette
Aspasie au petit pied qui, pendant longtemps,
occupa non seulement dans le demi-monde,
mais encore dans les coulisses de la politique,
une place assez importante pour que plusieurs
grands personnages n'aient pas dédaigné de
compter avec elle.

Ce fut dans les dernières années de la Restauration qu'Esther Guimont débuta dans le monde de la galanterie; mais au lieu de rechercher les vieux protecteurs ou les fils de famille qui, sous le nom de *gandins*, font aujourd'hui le bonheur de ces dames, ce fut dans une autre sphère que la portèrent ses goûts, son esprit fin et délié, et, disons tout de suite, sa vocation. Elle devint l'*amie* d'un groupe de jeunes hommes occupant déjà une position importante dans le monde du journalisme, tels que Véron, Malitourne, Roqueplan, Romieu, et, le seul survivant de cette aimable pléiade, M. Émile de Girardin.

Mais le préféré, le véritable amant de cœur, celui avec lequel elle ne se brouilla jamais, ce fut Nestor Roqueplan. Lorsque, vers 1850, dans le cénacle Véron, on parlait du *Lion*, devenu vieux, on disait toujours à Nestor : « Tu sais que c'est toi qui hérites ». Et Nestor, avec ce *tic* du coude et de l'œil qui ne l'abandonnait jamais, souriait agréablement.

Ce tendre attachement du Lion pour Nestor se manifesta, un jour, dans les premières années du règne de Louis-Philippe, par un incident qui fit beaucoup de bruit. Roqueplan, qui avait été, avec Bohain et Latouche, un des fondateurs du premier *Figaro*, avait quitté l'opposition pour soutenir la politique du gouvernement, et de cette plume acérée

qu'il maniait si bien, il faisait une guerre à
mort à ce qu'on appelait alors les *Bousingots*.
Pendant un entr'acte d'une représentation à
l'Opéra, où il faisait partie de *la loge infer-
nale*, en attendant qu'il en devînt directeur,
et se promenant dans un couloir avec Esther
Guimont au bras, il fut abordé par un personnage alors fort connu dans le monde de
l'opposition, et qu'on appelait le colonel
Gallois, comme on dit aujourd'hui le colonel
Langlois... Gallois, en l'apostrophant du mot
de renégat, arracha de sa boutonnière le
ruban de la Légion d'honneur qu'il avait
récemment reçu. Gallois s'adressait mal ;
Roqueplan, dans sa petite taille, était très
vigoureux ; d'un revers de main, il jeta le
colonel par terre, et avec le petit jonc qu'il
avait habituellement à la main, il lui admi-
nistra une volée à laquelle l'encourageait le
Lion en criant : « Tue-le ! tue-le ! » —
Dumas n'a pas inventé la formule.

La foule, attirée par le bruit, interrompit
la correction qui, le lendemain, fut complétée
par un joli coup d'épée à la suite duquel le
colonel boita pour le reste de ses jours.

Avec Roqueplan, le plus intime des amis
du Lion fut M. Émile de Girardin, et l'on-
doyant et brillant doyen de la presse
parisienne ne nous en voudra pas de com-
mettre cette indiscrétion, si nous ajoutons

que cette passion, comme la plupart de celles qu'il a inspirées, fut, dit-on, purement *platonique*.

Cette tendre amitié était dans toute sa ferveur en 1843, à une époque où l'inconstance du puissant publiciste préoccupait beaucoup le chef illustre du cabinet, qui, malgré son austérité, ne dédaigna pas d'entamer avec la célèbre demi-mondaine une négociation assez... délicate, dont la trace se trouve dans une curieuse lettre qu'une main pieuse a conservée à la postérité.

Cette lettre était ainsi conçue :

A M. le ministre des affaires étrangères.

Dimanche, 19 novembre 1843.

Monsieur,

Le désir de vous servir l'emporte sur la crainte d'être indiscrète en vous écrivant. Ma reconnaissance commence. — Voilà ce qui s'est passé entre M. X... et moi.

Il me reste à vous apprendre que, quoique très difficile, le succès de la négociation que vous m'aviez confiée a été complet. Il serait toutefois opportun que votre entrevue avec le publiciste soit pleine de prévenances, enfin, de cette grâce qui s'allie si bien chez vous à la gravité de votre esprit.

Je ne me permettrais point, Monsieur, de vous donner ces renseignements, s'ils ne m'avaient pas si bien réussi auprès de la conquête que nous allons partager.

Auquel des deux, du grand ministre ou du petit journaliste, devrai-je demander le service suivant?

Il s'agit de mon protégé, M. le baron de Vidil, la goutte d'eau qui a fait déborder le vase et le prétexte de nos hostilités. Je sollicite pour lui l'intérim de M. Foy à Athènes, ou toute autre position équivalente en Europe.

La hardiesse de cette pétition et même de cette lettre vous prouve, Monsieur, que je veux beaucoup vous servir, puisque je ne crains pas de tout vous devoir.

Votre très fidèle et très obéissante servante,

ESTHER GUIMONT.

Quelle fut la suite de cette demande? Je ne m'en souviens plus. Ce que je sais bien, c'est que le succès de l'ambassade auprès du *publiciste* ne fut pas de longue durée.

Sous l'Empire, notre héroïne, sans renoncer complètement à Satan et à ses œuvres, se désintéressa d'un rôle actif dans la politique; elle ne voulut pas troubler son existence en s'associant d'une façon trop intime aux orages qui, dans les premiers temps, agitèrent celle du publiciste; mais, lorsque tout fut calmé, après avoir accordé une larme à la mort de Roqueplan, qui n'hérita pas, — avec l'*aurea mediocritas* qu'elle avait habilement su conquérir, dans son petit *buen retiro* de la rue de Châteaubriand, elle eut *un salon* et une table bien servie, à laquelle venaient régulièrement s'asseoir, présentés par le publiciste,

les convives habituels d'une autre *étoile* que
nous ne nommerons pas à cause de la position qu'elle occupe aujourd'hui, et parmi
lesquels on comptait le prince Napoléon,
Sainte-Beuve, etc.

C'est cette retraite où s'est éteinte, après
une carrière bien remplie, l'hétaïre de 1830,
que j'ai eu la curiosité de visiter hier. La
description n'en sera pas longue ; tout y était
bien en rapport avec ce que je savais et ce
que je supposais de la maîtresse de ces lieux,
qui fut toujours une femme positive et *rangée*
et qui, il faut bien le dire, ne jongla jamais
avec les millions, comme beaucoup de celles
qui lui ont succédé. Vieux mobilier, confor-
table, mais bien usé ; chambre à coucher en
satin *noir*, habile précaution chez une septuagénaire un peu défraîchie ; salle à manger
commode, et surtout largement pourvue
d'une belle argenterie d'Odiot et d'Aucoc, ce
qui prouve que l'amphitryon songeait *au
solide*.

Mais ce qui est pauvre, ce sont les objets
d'art et la bibliothèque, car Esther avait une
bibliothèque, mais bien maigre, sans aucun
luxe d'éditions ni de reliures, et dans laquelle
on est assez étonné de trouver les *classiques
latins* de Panckoucke, — est-ce une occasion
ou une prétention ? — à côté des *Questions
de mon temps* d'Émile de Girardin, et des

Nouvelles à la main de Roqueplan, dont la présence s'y explique mieux.

Quant aux tableaux, c'est vraiment misérable, et il faut en conclure qu'Esther n'avait pas eu beaucoup de relations dans le monde des arts; à part quelques petites productions de Camille Roqueplan, qui doivent remonter à la lune de miel de la liaison avec le frère, on ne voit que de mauvaises toiles avec cette mention « Attribué à... École de... de... », etc.

Quoi qu'il en soit, les amateurs qui voudront avoir un souvenir d'Esther Guimont, dite *le Lion*, pourront se le payer mercredi à l'hôtel Drouot.

LE

DERNIER DES CHÉNIER

(*Figaro*. — Avril 1880.)

Nous devons à M. Gabriel de Chénier, qui vient de s'éteindre dans sa quatre-vingtième année, à Jouy-en-Josas, plus que les trois lignes que le *Figaro* lui consacre aujourd'hui à l'article : *Décès*. En lui s'éteint un nom deux fois illustré et qu'il a pendant longtemps très honorablement porté, son fils unique, jeune avocat de grande espérance, étant mort, il y a quelques années, à l'âge de vingt-trois ans.

M. Gabriel de Chénier était le fils du second des quatre frères Chénier, Sauveur, qui, comme les deux poètes, débuta par la carrière des armes, à laquelle il resta fidèle, mais qui fut pour lui bien capricieuse. Qu'on en juge par les détails que voici : adjudant-général sous Dumouriez, en 1792, Sauveur de Chénier, désigné pour occuper un emploi de son grade dans la première campagne d'Italie, se brouilla avec le général Bonaparte, qui le fit mettre à pied pendant une douzaine d'années, au bout desquelles il rentra dans l'armée en qualité de sous-inspecteur aux revues, ce qui lui permit de mourir sous-intendant militaire en retraite, sous la Restauration.

Reçu avocat, M. Gabriel de Chénier entra, sous le ministère Martignac, au ministère de la guerre, où il est resté pendant près de quarante ans, et où il est parvenu aux grades de chef du bureau de la justice militaire et d'officier de la Légion d'honneur; il a publié sur la juridiction des Conseils de guerre plusieurs ouvrages qui font autorité dans la matière; ces travaux spéciaux ne l'empêchaient pas de consacrer une partie de son temps à des études littéraires et à des publications, parmi lesquelles nous indiquerons un *Éloge du maréchal Moncey*, couronné par l'Académie de Besançon, et une *Vie du maréchal Davout*, en deux volumes, qui était l'ouvrage le plus important publié sur ce grand capitaine, avant l'œuvre si intéressante que lui a consacrée sa fille, Mme la marquise de Blocqueville.

Mais la grande préoccupation de la vie de
M. Gabriel de Chénier fut l'étude et la classification des travaux littéraires de son oncle,
André Chénier, dont la gloire aujourd'hui
si solidement assise fut longtemps primée par
celle de Marie-Joseph, et dont les œuvres
n'ont été que tardivement et incomplètement
livrées à l'admiration de la postérité. Ce culte
si légitime pour le poète qui avait jeté un si
vif éclat sur son nom, M. de Chénier l'a
poussé jusqu'à une jalousie un peu ombra-
geuse, qui l'a rendu quelquefois injuste
envers ceux qui ont successivement et très
utilement contribué à la publication des
œuvres d'André Chénier, tels que Latouche,
Sainte-Beuve et surtout M. Becq de Fou-
quières. C'est avec ce dernier, qu'après la
publication de l'édition d'André Chénier
donnée par Lemerre, sous la direction de
M. Gabriel de Chénier, eut lieu une polémique dans laquelle l'avantage ne resta pas
toujours au neveu du grand poète qui avait
affaire à forte partie.

Un détail que nous avons donné autrefois
dans le *Figaro* à propos de quelques études
sur M. Thiers et qu'il peut être intéressant
de rappeler, c'est que M. Gabriel de Chénier
était le cousin issu de germain de l'illustre
homme d'État. Cette circonstance aurait
peut-être pu valoir un avancement plus

rapide au jeune avocat dans la carrière qu'il avait embrassée; mais M. de Chénier était d'un caractère très fier et très indépendant; M. Thiers, chez lequel les sentiments de la famille n'ont jamais été très développés, ne se préoccupait guère de ses parents *réguliers* et les rapports entre les deux cousins ne furent jamais ni bien chauds, ni bien fréquents.

Ils furent même complètement rompus à partir de 1840, à propos de la piquante aventure que voici :

On était à la fin de février, à la veille de la formation de ce fameux ministère du 1ᵉʳ mars que M. Thiers devait présider et dont l'enfantement était assez laborieux; le choix du ministre de la guerre, auquel M. Thiers attachait une grande importance, le préoccupait particulièrement; il songeait pour ce poste à un général peu connu, avec lequel des relations de société l'avaient mis en rapport, le général Cubières, alors directeur du personnel au ministère de la guerre. Une quinzaine de personnes étaient réunies, à l'heure habituelle, dans l'hôtel de la place Saint-Georges; on annonce M. Gabriel de Chénier, qui venait faire une visite à son cousin et qui alors était sous-chef de bureau au ministère de la guerre.

— Ah! Chénier, vous arrivez à propos, lui

dit M. Thiers en s'avançant vers lui, vous qui êtes de la maison vous allez nous dire votre opinion sur le général Cubières ; pensez-vous qu'on puisse en faire un ministre de la guerre ?

— En aucune façon, répondit sans hésitation M. de Chénier, qui n'était pas courtisan ; il peut suffire aux fonctions de directeur du personnel, mais le ministère serait trop lourd pour ses épaules.

M. Thiers, dont le siège était fait, tourna brusquement le dos à son cousin en grommelant, de façon à ce qu'il fût entendu, ces paroles peu aimables : « Décidement les bureaux rétrécissent l'esprit ».

Après cet incident M. de Chénier quitta le salon de la place Saint-Georges pour n'y plus reparaître ; ajoutons que M. Thiers ne fit jamais la moindre tentative pour l'y rappeler.

Pour compléter l'histoire, il est bon de rappeler que, le lendemain, M. Thiers formait le ministère du 1er Mars et confiait le portefeuille de la guerre au général Cubières qui, quelques années plus tard, jouait dans le procès Teste le triste rôle que tout le monde connaît.

ÉMILE DE GIRARDIN

ET SON PÈRE

(*Figaro.* — 11 mai 1881.)

On lisait, il y a quelques jours, dans le *Figaro*, des réflexions fort justes à propos de M. de Girardin et des nombreux articles qui lui étaient consacrés : « Si la postérité, disait-on, veut avoir une idée juste d'un homme qui fut célèbre en son temps, elle fera bien de déchirer, sans les lire, toutes les pages écrites immédiatement après sa mort. Les amis entonnent des dithyrambes, les ennemis croient de bon goût de se taire. On dit : Menteur comme une épitaphe; on devrait dire aussi : Menteur comme un article nécrologique. »

Nous sommes complètement de cet avis et nous trouvons qu'il ne s'est jamais mieux appliqué qu'au publiciste éminent qui vient de disparaître. Nous ne connaissons personne qui, pendant quarante ans, au milieu des luttes de la presse auxquelles il prit une si large part, ait été en butte à autant d'incriminations, à autant d'injures que M. de Girardin et, si le système des *compensations* n'est point une chimère, le concert de louanges presque unanimes qui a salué sa mort et dans lequel plusieurs de ses plus ardents contempteurs d'autrefois ont fait leur partie, cette admiration posthume — à ce point de vue-là seulement — lui était peut-être due.

Il est trop tôt encore pour risquer d'apporter une note discordante dans ce concert d'éloges, et pour devancer le jugement de la postérité qui, dégagée des passions du moment, dira si, chez M. de Girardin, c'était *Junius* ou *Mercadet* qui dominait.

Nous ne voulons aujourd'hui que raconter un incident qui est un bon spécimen de la *manière* de M. de Girardin et qui pourra aider les *Saumaise futurs* dans leurs appréciations.

Comme on le sait et comme cela a été, avec détails, expliqué dans le *Figaro*, l'absence d'un *état civil* régulier qui, une première fois, l'avait fait exclure de la Chambre, pesait d'un poids bien lourd sur l'existence de M. de Girardin; ce n'était pas l'audace qui lui manquait, et un jour il se décida à prendre, sans y être autorisé, le nom de l'homme qu'il avait quelques raisons de regarder comme son père. Ce nom, qui ne manquait pas d'éclat, était alors porté par plusieurs membres de la famille, et l'un d'eux, qui siégeait à la gauche de la Chambre des députés, se montrait particulièrement irrité de ce qu'il regardait comme une usurpation. Le général Alexandre de Girardin, malgré de vives obsessions, résistait et il fut plusieurs fois question d'instance judicaire pour faire cesser l'abus d'un nom irrégulièrement porté.

Une fois la reconnaissance, que l'on sait, laborieusement obtenue, la réconciliation fut complète et le général se montra très affectueux pour ce fils si longtemps méconnu. Le général n'avait pas d'enfants, il avait une belle fortune et son nouveau fils, qui était un homme fort entendu en affaires, eut, à ce sujet, d'ardentes convoitises.

Il fut question d'une *donation entre vifs*; le général, sans prendre d'engagement absolu, ne se montra pas trop récalcitrant, mais il laissa entendre qu'en échange d'une aussi grosse faveur, il serait bien aise d'obtenir la pairie que l'on ne pourrait guère refuser à un

journaliste aussi influent auprès du pouvoir
que l'était alors M. Emile de Girardin.

Une négociation s'entama donc à ce sujet
entre M. Emile de Girardin et M. Guizot,
chef du cabinet du 29 octobre. Ce dernier en
parla au roi qui donna son consentement,
mais à la condition que le général, qui n'avait
jamais paru aux Tuileries, viendrait lui faire
une visite; cette condition ayant été acceptée
par le général et la visite faite, il n'y avait plus
d'objection; M. Guizot prévint M. Emile
de Girardin et lui dit qu'à la première occasion le général serait nommé pair de France.
Mais quel ne fut pas l'étonnement du ministre lorsque le journaliste répondit à cette in-
formation gracieusement donnée et qui, peu
de temps auparavant, semblait impatiemment
attendue : « Ne nous pressons pas, Monsieur
le ministre, et ne faites rien avant que je vous
en aie reparlé... »

Voici l'explication de cet atermoiement :
le père et le fils jouaient au fin, la donation si
ardemment désirée et plusieurs fois promise
ne se faisait pas; enfin, lorsque M. Emile de
Girardin vint annoncer à son père que tout
était arrangé avec M. Guizot pour la pairie
et qu'il n'y avait plus qu'à signer l'acte de
donation, le général trouva des prétextes à
de nouveaux délais... Bref, les choses traînè-
rent en longueur; le général s'en tint à son

acte de reconnaissance, mais ne fit aucune donation ; il ne fut point nommé pair de France. M. de Girardin abandonna le ministère et entama contre lui une de ces campagnes dans lesquelles il était passé maître, dont les principaux incidents furent sa comparution et son acquittement devant la Chambre des pairs, et une interpellation au ministère sur des faits dénoncés par lui à la Chambre des députés, le 25 juin 1847.

Dans le débat qui eut lieu à cette occasion, il se produisit un curieux incident qu'il faut avoir vu pour bien en apprécier la valeur scénique.

M. Guizot donna, avec son sang-froid et sa clarté habituels, des explications très topiques sur les motifs qui avaient privé le ministère de l'appui de M. de Girardin, et pour justifier ces explications, il tira un papier de sa poche : c'était une lettre à lui adressée par le journaliste : « Vous y demandiez, dit M. Guizot, la pairie pour monsieur... votre père ». Là, comme on dit au théâtre, il prit *un temps* qui fut d'un effet intraduisible.

Le général de Girardin, qui assistait au débat, entra en fureur à cette révélation, et pendant la suspension qui eut lieu lorsque M. Guizot fut descendu de la tribune, il manifesta en termes très violents l'intention de se porter à des voies de fait envers le

ministre. Détail assez piquant : ce fut
M. Garnier-Pagès qui fit part à M. Guizot
de ce qu'il venait d'entendre et qui, pour
éviter un fâcheux esclandre, détermina celui-
ci à accepter son bras pour se rendre dans un
des salons voisins de la salle des séances.

Il ne serait peut-être pas sans intérêt, pour
tirer une *moralité* de cet incident, de le rap-
procher de la négociation engagée quelques
années auparavant entre M. Guizot et Esther
Guimont, pour raffermir le dévouement un
peu chancelant d'un publiciste trop exigeant.
Nous en avons raconté les détails dans une
notice consacrée à la célèbre hétaïre qui fut
une des meilleures amies de M. de Girardin.

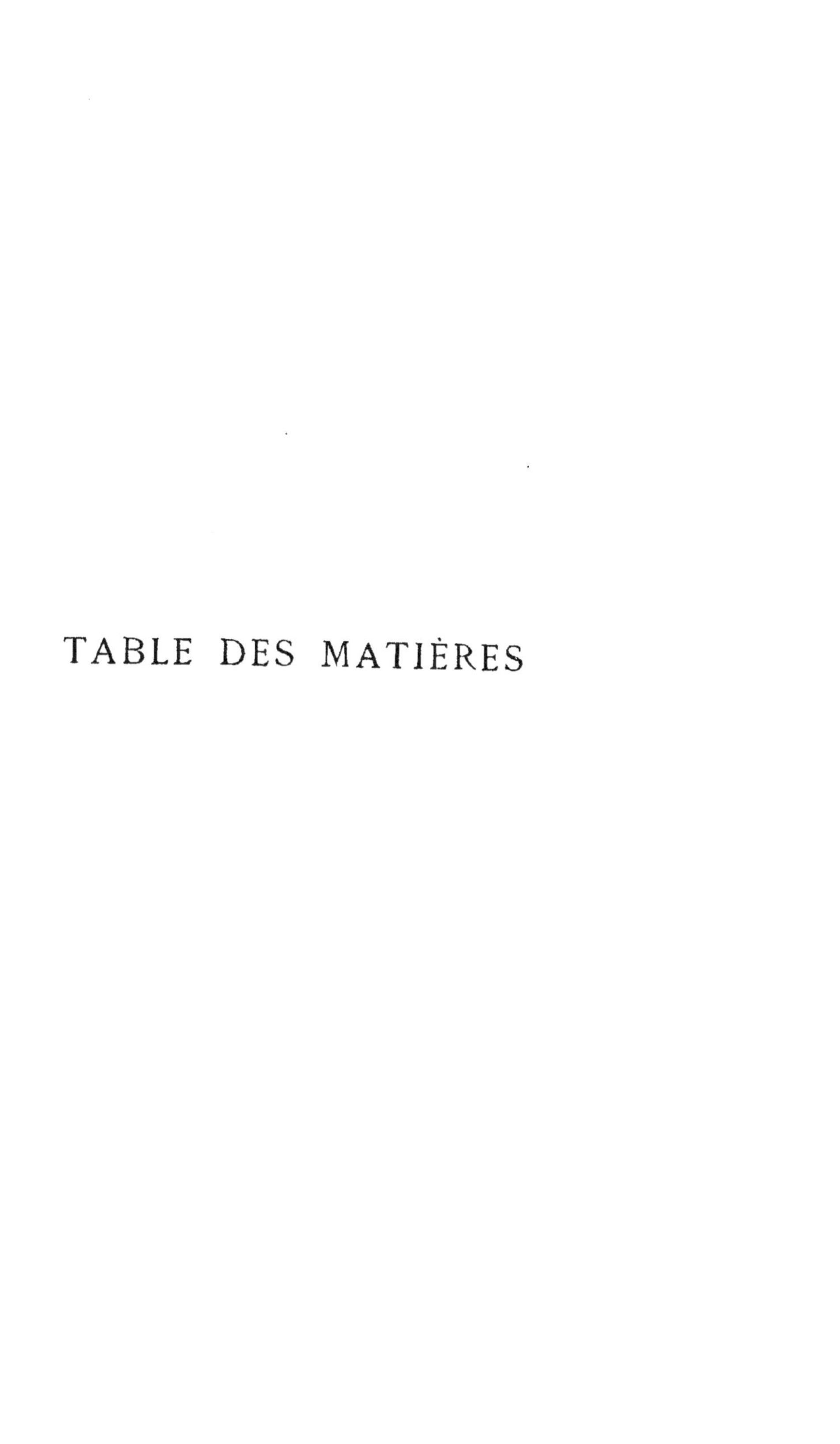

TABLE DES MATIÈRES

TABLE DES MATIÈRES

ACHEVÉ D'IMPRIMER

le 15 décembre 1882

par

CH. HÉRISSEY, imprimeur à Evreux

pour

ED. ROUVEYRE & G. BLOND

Éditeurs à Paris